監獄醫生

沙赫德·尤薩夫——著
李依婷——譯

STITCHED UP

Dr.
Shahed Yousaf

Stories of
Life and Death
from
a Prison Doctor

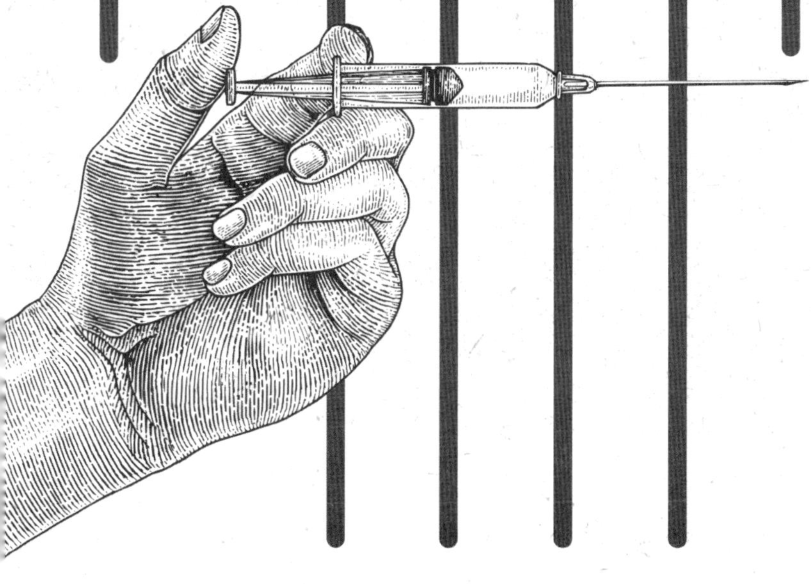

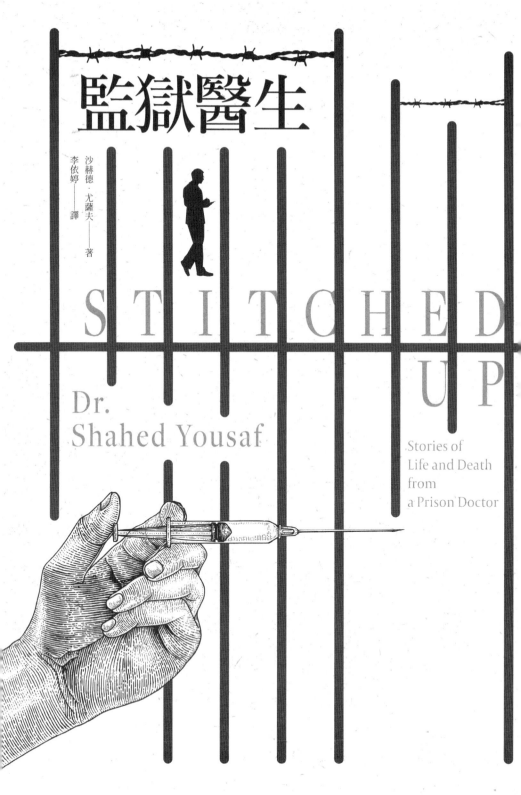

目次

本書獻給無數位罪犯健康照護的工作人員，
以及英國皇家監獄與觀護服務處的工作人員，
謝謝他們為確保我們所有人的安全而努力不懈。

前言　一個壞掉的體系

為什麼有人願意為小偷、殺人犯和強姦犯工作？這是我十年來一直在問自己的問題。二〇二二年是我擔任監獄全科醫生*工作的第十年。我不能說來到監獄工作是我畢生的夢想，但若說它是偶然發生的又未免過於簡單化了。我獲得了生物醫學科學學位，隨後於二〇〇一年進入華威醫學院（Warwick Medical School）攻讀學士後醫學課程。我想要幫助那些處於社會邊緣最需要幫助的人們。我自己來自工人階級背景，在伯明罕市中心一個特別貧困的地區長大。我在醫學院時學到逆向照顧法則（inverse care law），[1]指的是那些最需要幫助的人最不可能得到幫助。[2]我想為此做點什麼，但我還不確定會以什麼形式進行。

在醫學院的最後一年最終是綜合考試，涵蓋過去四五年來的所有學習，具體取決於課程的長

* 譯註：General practioner，英國醫療體系的全科醫生，相當於台灣的家醫科醫生。

短。若沒有通過這些考試意味著無法取得醫學院學位。我極度害怕失敗，因為在我的家族中沒有人是醫生，我不會認為成功是理所當然的。那年是二〇〇六年，即使這麼多年過去了，我仍然會做噩夢，夢見我期末考試的前一天晚上，我還沒做好充足的準備。那是許多醫生都熟悉不過的恐懼。讓這個情況變得很糟糕的是，很不幸地，我的父親在我期末考試的前一天晚上意外去世了。在震驚中看著他的屍體並與我的母親和姐姐度過一夜無眠的哀悼後，隔天一早，我仍淚流不止地開車去醫學院參加考試。那是我人生中一段極糟的時期，在我心中留下深刻的印象。我以自己的方式處理喪親之痛——不談論並試著不去想。現在回頭看，我似乎很清楚，我試圖藉由選擇與那些痛苦超越我自身痛苦的人一起共事，逐漸接受自己的創傷。

在二〇一二年，我一完成全科培訓後，隨即開始在西米德蘭茲郡（West Midlands）的一家遊民社區診所工作。我接觸的絕大多數服務使用者都是沒有固定居所或露宿街頭、住流浪庇護所或「沙發衝浪」的人們。許多人都有藥物濫用的問題，注射海洛因和吸食快克古柯鹼，或注射兩者的混合物，他們稱之「snowballing」或「speedballing」。[3]遊民診所提供針頭交換計劃，可以安全地處理掉不乾淨的針頭，並提供乾淨的針頭以預防HIV和肝炎等血體液傳染病毒的傳播。我們與社區毒品團隊密切合作，他們為海洛因使用者開出更安全的鴉片類藥物替代療法，像是美沙酮（methadone）和速百騰（Subutex）。鴉片類藥物這個術語用於描述從罌粟中提煉的天然鴉片製劑，以及美沙酮等合成產品。長期研究表明，如果治療有所成效，[4]人們能夠在鴉片類藥物替代療法中穩定下來，他們參與犯罪和暴力的可能性就會降低。[5]

我們的患者中有相當多的人有心理健康問題。許多的女性患者和一些男性患者是性工作者，晚上工作結束後就睡在我們診所外的階梯上。我們的服務也與「性工作者進入性健康保健」（SWISH）密切合作，那是由特倫斯希金斯信託（Terrence Higgins Trust）所運作。[6]我們的SWISH廂型車被非正式地稱為性巴士，每週會有一至二個晚上，我們的護理人員會開車到性工作者所在的地方，提供性傳染病（STI）檢測和免費避孕。他們還與全國慈善機構和警方合作，制止針對性工作者的暴力行為，並協助人口販運的受害者。[7]

對我來說最重要的是，遊民的健康照護使人變得人性化。他們是我們的病人，而不是需要處理的「問題」。在寒冷天氣時，我們會給他們備用衣物，這樣他們就可以保持溫暖和乾燥。我們與當地的一家咖啡館和食物銀行建立了合作關係。我們有預約、也有開放服務，這樣病患可以在他們方便的時候前來看診。這個醫療實踐最初是由一群具有社會意識的基督教醫生建立的，雖然我是個穆斯林，但我對於接續他們的工作感到驕傲。我們有些客戶是受過高等教育的專業人士和前武裝部隊成員，他們已經變得依賴酒精、毒品或賭博，並且失去了一切。他們只是需要重新站起來，而我們伸出援助之手。

遊民醫療實踐還根據特別分配計劃（Special Allocation Scheme），接受已經從其他社區診所患者名單中刪除的暴力與具攻擊性的病患[8]。根據該項計劃，我們被認定為一個安全環境，在診所門外派駐一名保安，並在桌子下方謹慎地隱藏著一個緊急按鈕，以防我們受到威脅。我們正努力幫助我們的病人，但我們的前門總是聞到我們必須清理的阿摩尼亞氣味，因為他們當中有些人會在喝醉或生氣時對著門口小便。有時人們不願意接受提供的幫助，或者他們不善於領會。一些遊民病人會犯下輕微的罪行，藉此希望他們能夠離開街頭，進到監獄裡度過寒冬，在那裡比較溫暖、有食物並還有些陪伴。

一位在遊民診所工作的醫生提到他們也在監獄裡輪班，並說我或許會喜歡那個工作。順道說一句，這句話改變了我的人生。直到那刻我才知道全科醫生也在監獄裡運作。我假設（沒有經過適當的思索），如果囚犯需要醫療協助，他們會被帶至社區醫生那裡，或者他們會被送到外面的醫院。我不知道罪犯健康照護是基礎醫療和全科醫生服務的一個次專科。[9]監獄醫學、監獄全科醫生、健康照護正義、安全環境中的健康照護和罪犯健康照護等術語通常可以互相交換使用，但我在本書中會使用後者以避免混淆。

自二〇一二年以來，我一直在女子監獄、少年犯以及各類男子監獄工作。在過去十年間，英國的監獄斷斷續續的開放和關閉，但目前徘徊在一百二十座左右。[10]超過八萬八千名男性、女性和兒童正接受各類監獄醫療部門的照護。[11]英國的監獄分為A到D類，A是最高度安全層級，D是為將在幾個月內釋放的囚犯保留的開放式監獄。[12]根據囚犯越獄對公眾造成的風險，將囚犯分為這些類別。還進一步分為還押監獄和非還押監獄。還押監獄會看到剛從外面進來的人——有時是在他們被判刑之前。[13]非還押監獄只接收監獄系統已知且正在不同地點之間移轉的已判刑囚犯。

我聽過人們說新冠疫情封鎖感覺彷彿置身於監獄。自由的剝奪和社交孤立對我們的良好狀態造成嚴重的身心傷害。[14]但這並不像置身於監獄。在整個封鎖期間，我的同事和我一直在監獄裡工作，一一面對面地為病患看診——對我們來說是極其艱困的環境，對囚犯他們而言更是困難重重。想像一下，一個囚犯和另一個獄友被關在一個八英尺乘十英尺的牢房裡，與一個陌生人在一起，毫無隱私可言。這個陌生人可能有其身體健康、心理健康、藥物濫用、反社會行為或以上所有的問題。窗戶上有著欄杆，可能被釘死了。房裡設有一個牢房鈴，以防在緊急情況下使用——但它可能無法正常運作或即時反應。通風面板因油漆和污垢阻塞。牢房裡沒有電話或浴室。你的薄床墊鋪在木板上便是所謂的床。乾淨的床單和洗衣服是種奢侈。你的床邊有一個馬桶，可能沒有遮蔽物或隔間，讓你顧及基本的禮儀和衛生。你無法控制這個密閉房間的溫度，它可能會在極凍和極熱之間起伏不定。水壺和電視將被視為特權。水龍頭、燈和電可能會故障。可能會有老鼠和蟑螂。基本的營養會供應給你，你要在你的牢房裡吃飯——食物是否可口或足夠份量又是另一回事了。在封鎖期間，數以萬計的囚犯幾乎每天二十四小時都在這樣有辱人格的條件下生活。[15]能夠在牢房外領取食物、洗滌、運動和聯絡親人的時間有限。[16]這種可怕的孤立感所造成的影響在接下來的幾年內都還是感受得到。[17]

我們為什麼要把人送進監獄？我們把他們送至那裡是為了懲罰、為了改過自新、為了公共安全以及威攝作用。如果你對英國監獄系統有所了解，你就會明白為什麼我說監獄看起來幾乎一模一樣。監獄建築就像一幅汙跡斑斑的艾雪式畫作（Escher-like），充滿混凝土地磚、無盡上鎖的大門和樓梯。但它們最大的相似之處在於它們存在的共同問題：資源缺乏、人滿為患和人員配置不足。

司法部負責管控英格蘭和威爾斯的監獄。英國皇家監獄與觀護服務處（HMPPS）執行法院作出的判決。[18]司法大臣負有全責。[19]當莉茲・特拉斯（Liz Truss）在二〇一六至二〇一七年擔任司法大臣時，她坦承監獄正承受著「嚴重而持續的壓力」。[20]在過去三十年間，監獄人口增加了近百分之七十。[21]蘇格蘭、英格蘭和威爾斯是西歐監禁率最高的國家，這意味著我們正面臨監獄系統數十年來最嚴重的危機。[22]

每個政黨都想證明他們對法律和秩序採取強硬立場。許多人（包括我的一些朋友和家人）都認為監獄「太軟了」。[23]當保守黨的克里斯・葛瑞林（Chris Grayling）在二〇一二年擔任司法大臣時，他說他會停止讓我們的監獄持續像個度假村一樣。[24]這種錯誤的聲明仍然很普遍，而這必須提出質疑。每當談到囚犯時，就會有一種「他們」和「我們」的心態。我們大多數人認為「他們」是應該被掩藏起來的怪物，而且只配喝稀粥。這是一派胡言——我們每個人與囚禁之間的距離就只是一個錯誤的決定。如果我們在時速三十英里的區域以四十英里的速度開車撞倒某人，我們可能會在下週就入獄服刑。我在監獄裡的許多病人與我在社區裡的病人並沒有什麼不同。如果我忽略窗戶上的欄杆，或許還有噪音，我可以想像自己是在外面工作。然而，如果你有系統地虐待人，讓他們承受無助、令人厭煩和挫敗的侮辱，你不會看到他們最好的一面，更遑論是讓他們自新了。[25]監獄是犯罪、激進化、藥物濫用、心理健康問題、自殘、強姦、自殺和謀殺的溫床。[26]

監獄人口以驚人的速度持續增長，許多人都被迫同居在專為單人設計的牢房或房間裡。[27]我從囚犯那邊最常聽見的請求，除了藥物之外，就是不要與另一名囚犯同住一間牢房。這不是我的職位能夠同意的請求。監獄已經變成狹窄受限的環境，雙層床舖是常態，單人牢房很罕見。沒有雙人床或獨立筒床墊。沒有應對幽閉恐懼症、肥胖症或長得太高而腿會長過於床的人的設施。關於牢房共享的風險評估是由監獄人員進行，而非由醫護人員評估。[28]囚犯往往會攻擊住在一起的人——這是完全合理的，而且也的確發生了。扎希德．穆巴雷克（Zahid Mubarek），一名巴基斯坦裔英國少年，於二〇〇〇年三月被帶有種族歧視的室友謀殺了。[29]一份遲來的公開調查列出一系列的監獄缺失，最終提出八十八項建議。[30]這是一份令人震驚的統計數據。在我看來，所有牢房都應該是單人房。

我不是個犯罪學家、社會學家或政治家，但我是一名在監獄工作的醫生，我是一名納稅人。每個囚犯每年花費納稅人大約四萬四千英鎊。[31]如果監獄的判決是能夠改過自新、打破犯罪循環並降低再犯罪率，那麼這筆費用是值得的。但在英格蘭和威爾斯，釋放後的十二個月內的再犯罪率是百分之四十八。[32]據估計，再犯罪或累犯的經濟及社會成本每年會損失英國納稅人民一百五十億英鎊。[33]相較之下，監獄的年度預算只略高於五十億英鎊。[34]儘管將更多人送進監獄，但自二〇一三年以來，英格蘭和威爾斯的暴力犯罪率年年都在升高。[35]每少送一人進監獄，我們可以多僱用兩名管理人員，他們在英格蘭和威爾斯的起薪僅是微不足道的二萬二千八百四十三英鎊，承受繁重艱巨的工作量，每週工作三十九個小時。

英國納稅人辛苦賺來的錢都被浪費在一個破碎的體制上。其實有更好的解決方案，其他已開發國家正在為我們指引明路。我們可以將我們的系統與他們在挪威進行的改造計劃做比較，每個囚犯一開始的投資成本較高，但會導致再犯罪率大幅降低，社會更安全，長遠看來成本要低得多。[36]建蓋更多監獄和延長刑期是短視的解決方案[37]——這會進一步加劇我們已經存在的問題。我們應該審視我們的量刑政策以減少監獄人口，這是可以明智且安全完成的。[38]工作人員得以有時間專注在幫助真正需要幫助的人。將人們關在牢獄之內，卻沒有任何有意義的活動或教育，限制家庭接觸和探訪，出獄後沒有工作機會或住處，所有這些都會導致難以重新融入社會並增加再次犯罪的可能性。[39]有令人擔憂的證據表明，父母一方入獄的兒童，自己成為囚犯的可能性是其他兒童的兩倍。[40]

在我開始我的罪犯健康照護職業生涯時，恰逢聯合政府將原本就捉襟見肘的監獄預算再削減四分之一。[41]人員配置佔據了預算的大部分。自二〇一〇年開始的五年來，監獄管理人員人數減少了一萬人——難以置信的少了三分之一的全職人員。[42]監獄官負責囚犯的安全、監督、教育和康復，這幾個領域現在受到的影響更為嚴重。此外，二〇一三年推動了一項所謂「基準」政策，鼓勵資深的監獄官員自願離職。[43]新的監獄官員是經由快速流程招募而來，接受的訓練和支援都較少，因此要長期留住他們會是一個主要問題。[44]儘管在前線工作的人員都有良好的意願，但所有這一切都導致了英國各地監獄巨大的不穩定。在與政府協商破裂後，監獄官員協會（POA）的成員在二〇一六年及二〇一八年舉行了大規模罷工，[45]旨在強調工作人員短缺和前所未見的暴力程度。[46]初級醫生合約糾紛還導致二〇一六年整個英國全民健康照護系統大罷工。[47]第一線的工作人員以最強烈的方式表達了他們的擔憂，旨在保護他們所照護的人，但隨後受到政策制定者採取法律行動的威脅。[48]

關於誰被關進監獄、時間以及原因這些方面存在著懸殊差異。黑人和少數族裔比白人更有可能被皇室法院判處還押候審。[49]監獄中大約有百分之十的人是羈押，其中大多數人正在等候審判，在證明無罪之前都是有罪的，而很多人在出庭時不會被判處監禁。[50]目前關押在獄中的人幾乎百分之七十是因非暴力犯罪，像是持有毒品。[51]然而在二〇〇九年，政府的「毒品沙皇」大衛・納特教授（David Nutt）因引用證據聲稱大麻、搖頭丸和迷幻藥對個人健康和整個社會的危害小於酒精和菸草而被迫辭職。[52]確實，大約百分之四十被判有暴力罪行的人都是在酒精影響下行事的。[53]與大麻相比，酒精在身體、社會和經濟上造成的傷害更大。在這個社會，我們迫切需要重新評估我們對毒品和酒精的態度——並根據事實改革我們的律法。

二〇一四年，當時的首席監獄督察尼克・哈德維克（Nick Hardwick）表示，我們的監獄危機是由於「政治和政策失敗」。[54]另一位前首席監獄督察拉姆波頓爵士（Lord Ramsbotham）更嚴厲地表示，「監獄系統之所以失敗是缺乏盡職盡責、有知識和豐富經驗的領導力……司法部的首席執行官都是政治家，他們沒有在監獄服務的工作知識，也沒有領導大型複雜組織的管理經驗。」[55]也許需要一個更為激進的解決方案——一個由全體選民主導的解決方案——讓我們面對現實吧，只有選民的意見才是政客們唯一在意的。任何申請至司法部、內政部高階職位或監獄長的人都應該至少在監獄裡生活一個星期，作為這份工作的先決條件。我不會聽取從未見過醫院內部運作的醫生的建議，同樣的標準應該也適用於那些試圖藉由制定政策來領導我們，但卻沒有充分洞察力的人身上。

我對文學和醫學以及兩者的交集充滿熱情。監獄裡的文盲率是可恥的——在英格蘭和威爾斯，大約有百分之五十的囚犯閱讀年齡低於十一歲。[56]克里斯・葛瑞林試圖禁止將書籍送進監獄，這遭到霍華德刑法改革聯盟（Howard League for Penal Reform）和寫作界的強烈反對。[57]我們知道在監獄裡什麼是有用的——教授讀寫和計算能力。[58]優秀的夏儂信託監獄掃盲慈善機構（Shannon Trust prison literacy charity）已經教授大約五萬名男女閱讀——但它沒有獲得政府的資助。[59]

除了讀寫和算術，英國監獄還開設了一百多種不同的課程，但幾乎沒有證據顯示它們在教化上有發揮成效。事實上，有些可能還弊大於利。例如，性犯罪者治療計劃在被證明會增加更多性犯罪後宣告失敗。[60]能夠降低再犯罪率的是教育，那可以讓人們在出獄後找到工作及穩定的住所。[61]

我希望這本書能開啟一場關於刑罰改革、罪犯健康照護和囚犯福利的對話。我一直在努力挑戰國民健保署以及監獄服務部門所形成的超級風暴，但我喜歡在罪犯健康照護領域工作——這是我慎重以待的特權。這是一份最有趣也最令人沮喪的工作、最令人興奮也最引發焦慮的體驗。如果你和任何在監獄工作的人交談，他們都會有很多故事和最令人震驚的軼事，但在這一切的背後是，我們都真心想要保護我們所負責的人們。

我已經更改了所有姓名，除非我有得到明確許可，允許辨識出某人的身分。為了患者的隱私，我合併或更改了場景、更改日期和個人詳細資訊。我還用了來自不同監獄的證人經歷來形塑這個描述。有勝利，也有跡近錯失和災難。我知道自己擁有的特權——我在監獄工作，可以在輪班結束時離開。成為囚犯的經歷要殘酷得多。

第一章　罪犯的健康照護

讓我來告訴你什麼是罪犯健康照護吧，一切始於我在這個男子監獄的第一個工作日。那是二〇一三年的情人節，我一抵達就覺得自己像個犯人了。我的護照被仔細檢查，我的口袋被毫不留情地掏空，每件物品都受到監獄人員的嚴格審查。尼古丁口香糖被翻出來並受到質疑。

「我最近剛戒菸，」我解釋道。

「口香糖在監獄裡是違禁品。」一名獄警不耐煩地說。他指著牆上的一個標誌，上面列出違禁物品，包括所有錄音設備、相機、電池、智慧型手錶、任何金屬物品、手機和大量現金。警員猛地扯開我的醫生包，拿出我的血壓計和電子溫度計。他說這些需要先沒收，因為其中含有電池。我可以在離開時領回。

「這是什麼？」他取出我的聽診器問。

「我是一名全科醫生，我需要用這個來聽心跳聲。」我說。

「那個金屬管可以被當成武器使用。」他說。

「我需要它來完成我的工作。」我語氣稍加強硬地回應。

他最終同意了，在一陣擾人的拍打衣服搜身後，他們揮手要我過去，坐在等候區等待醫療團隊的成員來接應。我拿到一個訪客證的掛牌，並被告知要隨時出示它。我坐在一塊佈告欄前，上面有著監獄管理階級制度，附上每一位職員帶著笑臉的照片。典獄長位居首位，其次是副典獄長，然後是一連串不同領域的管理人員，像是安全監管或罪犯管理單位。在其下方是營運主管和監管主管的列表。我留意到有好多的管理者。我不知道他們的角色或職責是什麼，我期待找到答案。我是以全科醫生的身份來到監獄的，一個相對較高階的職位，對於監獄是如何運作的，人們會認為並預期我本來就具備一些基本訓練。但那並未發生。十年過去，我對監獄在健康照護部門之外的運作方式仍然只有非常基本的了解——我確定大多數囚犯都比我更了解這些程序。果不其然，我最近距離親眼看到的典獄長便是那張照片中他的笑臉。不到幾個月，他被換掉了，板上的照片就像在玩「猜猜我是誰？」的遊戲一樣，這樣快速的變動與司法大臣有得比——在過去十年間換了八位。[62]

我已經同意於每星期三、星期四、星期五在監獄工作，而星期一及星期二，我仍受僱於遊民社區診所。我斷定，豐富多樣的經歷會使生活充滿樂趣。經過三個月的審查程序，我的安全許可終於通過。我在過去十年來的個人經歷、經濟狀況和工作經驗都被徹底調查過。如果我不是在英國出生，如同許多國民健保署的工作人員一樣，那麼審查過程就得花費更長時間。在等待安全許可得到批准期間，我依然能夠以代班醫生的身份在英國各個監獄裡工作——在我看來這根本不合理。整個過程，就像我的就任一樣，很混亂。第一天，我一直在等待，就像一份沒人要的情人節禮物。終於，過了四十五分鐘，管理團隊的一位名叫海莉的女士前來接我。她為延誤道歉並透露說沒有人預期我今天會來。這實在令人驚訝到不能再驚訝了。我已經夠受挫了，我堅持要讓她看我的文件，表明我的任職日期在幾週前就已經確定。我在正確的時間出現在正確的地點，我需要她知道這件事。

「我知道。很該死，對吧？我只能向你道歉，醫生。」海莉聳了聳肩，無可奈何地說。這是我在不同工作人員身上經常會看到的動作。

我的第一天才剛過一小時，而且還未見到任何一名囚犯，我就已經開始對罪犯健康照護感到擔憂了。從一開始就很明顯，監獄並不是一個運作順暢的機器——而且，彷彿是為了要證明這一點似的，接下來他們帶著我穿越一道道看似無止無盡的上鎖大門和鐵門，每一道都發出刺耳的嘎吱聲。隨著每一道門在我身後砰的一聲關上並鎖上，我感到我的自由漸漸遠離。我感覺自己好像進到一個龐大的反烏托邦機器的主體裡：雷鳴般的聲響、人們的叫喊聲，以及在這一切之下，滿溢的垃圾箱與令人厭惡的惡臭。我們穿過方庭，我看到有人把垃圾從窗戶直接丟到下面的方庭中，這個方庭也是大家活動的放風場。他們將床單撕成長條，公然用以互相傳遞物品，巧妙地從一個窗口擺盪至另一個窗口。

當我終於抵達醫療部門時，海莉向我介紹兩位即將離開的醫生，我將接替他們的工作。他們都已經在監獄工作多年，在對罪犯健康照護感到徹底失望後，決定搬到國外。這或許是我不需要聽到的事。A醫生搬到杜拜，S醫生搬到澳洲。他們都非常親切，允許我在他們的診間裡陪同見習一天。我注意到的第一件事是，兩位醫生都在診間中單獨為囚犯看診——沒有獄警在場。我很意外。在遊民的醫療中，附近一定會有警衛。我發現的第二件事是，醫生不避諱對病患說不。事實上，他們常常說不，有時會指著門要囚犯離開，就這麼突然結束諮詢。我對這種失禮感到震驚。如果有囚犯對其中一名醫生大吼大叫或是威脅，他們彷彿像是沒聽到一般，只是繼續敲打鍵盤。這兩位經驗豐富的專業人士，提供了一些建議給我。

「你是新面孔，一開始會很受歡迎。他們會帶著各式各樣的問題來找你，會奉承、誘騙和欺負你。一開始劃清界限很重要，否則你會陷入各種麻煩。相信我；這不值得，」S醫生以一種無可奈何的語氣這麼說。

我本來希望能有更多時間與這些醫生們相處，並得到一個更妥善的交接流程。但時間非常緊湊，他們顯然希望我一切順利，如果我再深入一點，或許他們會勸阻我在那裡工作，這絕對不是監獄樂見的結果。到了週末他們全都離開了。所以我必須盡快適應新環境。這裡應該每天都會有兩名醫生值班。大多數的全科醫生都在社區服務，每週進監獄一次（就像我在遊民診所的同事一樣），而我則是週三至週五在這裡工作。他們都盡其所能地幫助我，但在一所出了名的繁忙監獄中，他們早已被大量積壓的工作壓得喘不過氣，這是英國最大、最忙碌的B類還押監獄之一，每天大約有二十人入獄、二十人被釋放。這是所謂的「輾轉」，一場保持領先地位的戰鬥。

監獄醫療部門是一棟兩層樓的建築。樓下為住院部，又名「醫療翼」。這裡有一條長長的走廊，兩邊皆是上鎖的牢房。主監獄的大部分牢房大約是八英尺乘十英尺，但住院部的囚室會稍微大一點。生病的病患會在住院部接受治療，直到他們好轉到可以轉回主監獄為止。樓上是門診部，這是我主要工作的地方，也是與囚犯會診的地方。我們的診間就在住院囚室正上方。由於門診部和住院部近在咫尺，監獄的聲響和氣味都令我印象深刻。每一個聲音似乎都被放大了。我能聽見囚犯切換電視頻道或跟著收音機歌唱的聲音。如果他們亂扔家具或踢馬桶、或是踢掉牆上的水槽——這種情況很常發生，於是瓷器的碎裂聲響變得清晰可辨——我會感到脊椎彷彿猛然一震，幾乎就好像我與其中一名囚犯同住在一間牢房裡。有時，我就像個不堪其擾的鄰居，不得不下樓要求他們把音樂轉小聲，因為在問診期間我聽不到病患的聲音。也有時候，我聽到一首我喜歡的歌，然後衝下樓去問那是什麼歌曲。那正是我第一次發現車庫饒舌（grime）音樂的方式。

住院部裡的許多囚犯已根據《精神衛生法》被安置隔離，情況非常不好。[63]他們正在等待社區心理健康照護單位的床位，然而，儘管需求激增，英格蘭的心理健康床位數量已減少了百分之七十三，從一九八七年至八八年的六萬七千張床位減少為二〇一八年至一九年的一萬八千四百張床位。[64]意思是說有些病患必須離「家」數百英里才能接受治療。

如果說另一個人類的哭泣、叫喊或尖叫聲音不會影響到我，那我真的就是一點同理心都沒有了。那是折磨人的聲音，永遠不可能視之為尋常的背景噪音。有一次，一名在我診間正下方的男子躁症發作，整整一天，他高聲唱著菲瑞・威廉斯（Pharrell Williams）的歌曲《高興》（Happy），幾乎沒有間斷。平心而論，他有一副好歌喉。但連續聽了八小時左右之後，我感覺自己也都快要躁症發作了。護理人員好心地把他轉到另一間囚室，並建議他唱唱其他歌曲。結果，我還是能聽到他的聲音，只不過現在他低聲吟唱著慢版情歌，充滿了情感。

我在門診部的診間門上有一塊小白板，我每天都會在上面寫下我的名字。我的名字按照發音拼寫只有兩個音節Shah-hed（沙—赫德）。它來自阿拉伯語，意思是「見證」。在我的工作日常中，我聽過各式各樣不同的叫法，像是沙舍梅德、謝第德、謝依德、沙希伊德、沙瑞德。這就好像你的名字是約翰卻被叫成瓊恩一樣。我最喜歡的錯誤叫法是沙拉。一名專業的護理人員，能夠準確念出肥厚性心肌症（hypertrophic cardiomyopathy）的發音，但看著我的名牌，上面清楚寫著沙赫德，卻念成沙拉，這完全超出我的理解。我的一些朋友仍然會親切地叫我沙拉。我的姓Yousaf（尤薩夫）也只有兩個音節，You-saf，也是一個雷區。我不想被叫成沒用醫生（Dr. Useless），於是，在我的職業生涯早期，我要求大家叫我Y醫生（Dr. Y）。這就是我的同事和病患稱呼我的方式。如果我很快地寫下我的名字，它看起來會像DRY（乾）——非常像我的幽默感。

我的診間看起來就像一般社區診所的標準房間。有一張放著電腦的桌子和一張診症床。但是牆壁是一種酸性黃色調，似乎會隨著光的強度而跳動。當我的眼睛因為整天盯著電腦螢幕而疲勞不已時，我詛咒著那些決定放棄無害白色系的人。

在遊民診所中，緊急按鈕是隱藏在桌子下方。在監獄的診間裡，亮綠色的警報器固定在與眼睛視線齊平的牆上。如果在會診期間的任一時刻我感覺受到威脅並當著囚犯的面按下警報，可能會進一步引起他們的敵意。較不激化的作法是快速離開房間並按下醫療走廊上的無聲緊急按鈕。天花板上的黃燈會閃爍，通知有人需要幫助——通常是非常需要——監獄官已經意識到並在趕往的路上。

在我辦公桌上方的牆上有一個燈箱是故障的。上面覆蓋著一張海報，海報上是一個露齒燦笑到極不真實的快樂醫生，上面以大寫字母寫著：**我們是健康照護人員，請尊重我們**。有人在醫生臉上畫了鬍鬚和眼鏡，並塗黑他的牙齒。

這個空間和標準社區診所之間最顯著的不同在於窗戶上的鐵欄杆。我們都被關在一起，無論是醫生還是病患。監獄裡的通風糟透了，儘管窗戶上有欄杆，但它們只能延伸幾英寸。我很幸運，我的窗戶沒有像某些牢房那樣被釘死，而是換上了通風板。這些孔狀的金屬板已經被油漆塗抹多遍，以至於孔洞已是多餘，沒有空氣在流動。籠中動物都不會被關在這樣的條件之下，然而，我們全在這裡。

我在罪犯健康照護看到的大多數人就像社區診所的病患一樣。上呼吸道感染，如感冒或喉嚨痛，呼吸系統感染、高血壓和糖尿病、高膽固醇、背痛、皮膚疹、腫瘤和腫塊，有時還有癌症和嚴重疾病。這些人通常比我在社區診所中的患者更有趣，因為他們的生活與我的生活截然不同，有時他們彷彿說著不同的語言。當一個男人來到我的診間抱怨直腸出血時，我立刻陷入恐慌狀態，猜想他是否是性侵的受害者。他揮手打消我的疑慮。我排除了腸癌的危險癥狀，並建議他可能是因監獄飲食不佳而患有慢性便秘，通常類似於糞便問題。血液常規檢查顯示缺乏足夠的營養，這表明我們的許多病患都缺乏葉酸和維生素D。我詢問我是否可以找一位陪檢人員，這樣我就能進行直腸或肛門檢查——我解釋道這代表要把手指插入他的直腸。

「我不行，我在打包。」他低語。

「你要去什麼地方嗎？」我一臉困惑地問。

「不是，我在**打包**。」他慢慢地複述，好像在對小孩說話一樣。

我搖了搖頭，依舊不明白。他一臉同情地看著我——這是我剛開始在監獄工作時常常會看到的表情。他非常好心地解釋他的直腸裡有一支電話。我看起來一定是非常擔心的樣子，因為我以為那是一支正常尺寸的電話。他充滿耐心地告訴我它比他的拇指還小。他需要用保鮮膜層層包裹起來，而且常常需要快速拿出並再重新插入。

「我甚至可以不需要使用潤滑劑——我可以乾塞——多年來都是這麼做。」他有些自豪地說。

「那就能解釋為什麼你會流血了。」我下了總結，並開給他瀉藥和潤滑劑。違禁電話在囚犯之間很常見——有些是為了躲開金屬探測器而設計的。囚犯希望能與家人保持聯繫或繼續在獄中經營他們的毒品帝國。監獄官們知道有這個問題，但他們也無法做些什麼，他們還有更大的問題要處理。

電腦的速度非常慢，很明顯地缺乏在技術上的投資，在工作日的一開始，當我的電腦正在跑開機設定時，我喜歡到處看一看。一堵骯髒的白牆，大約十七至二十英尺高，環繞著整座監獄。牆上設有尖利鐵絲網，鐵絲網上掛著像彩旗一樣飄揚的塑膠袋。嗅探犬和牠們的訓練員守衛著周邊並搜尋任何可能被丟過來的違禁品。有時，無人機會攜帶毒品和電話從空中飛過。我看著獄警們在這場無人機和電話的遊戲中追逐，希望在囚犯攔截之前先取得這些包裹。

我的診間佈告欄上釘著病患資訊頁、海報和泛黃的「感謝」卡。其中最要的文件是每週輪值表，上面記載著所有醫生確切出現的時間及地點。我的早晨始於診間，大約有十二至十五個診症時段，每個時段的時間為七分半鐘。這個表格會因增加更多患者而擴展。這裡是一所還押監獄，我們常常在人們入獄二十四小時內就為他們看診。我在診間中看診的病患數量取決於過去二十四小時新入獄的繁忙程度。我還同時處理等候名單中事先預約的患者。

每個預約應該要是「一個病人以及一個問題」，但是來看診的人通常都帶著一連串的問題，因此，通常需要七分半鐘以上的時間才能解決這些問題。還可能有許多附加情況，像是護理人員要求我再查看他們診間裡的病患。我在一個診間最多可以看二十個病患。即便如此，上午的門診必須在中午十二點之前結束。監獄官們會帶著這些人去領取他們的午餐並將他們鎖回牢房中，接著他們將進行首次的每日人數清點，以確保沒有人下落不明。

在我的門診之後，我以前會在最多可容納二十人的隔離監牢房進行查房。隔離監牢房是把最引起混亂的囚犯與一般囚犯隔開一段時期的地方——而這個隔離監牢房總是頻繁運作。然後我會去住院部查房，那裡有二十張病床。我一個上午最多可以看六十名患者，以任何全科醫生的標準來看，這都是工作量非常龐大的一個上午，我會利用午休時間做筆記。我還被安排了下午二點開始的下午門診，有十二至十五個診症時段。直到很久之後，我才發現我根本不應該看那麼多病患。A醫生和S醫生將門診視為上午的工作，然後下午就劃分住院單位和隔離單位的查房工作，而不是進行額外的下午門診。我仍然不確定是誰認為新進全科醫生在一天內看診那麼多病人是明智的安排。我並沒有簽署做兩個醫生的工作。這種新進、因此所知不多的全科醫生工作過量在監獄或社區中很常見。而我現在堅持上午看門診，下午要嘛安排門診，要嘛是隔離單位或住院部的查房，這是一種更安全、更易於控制的工作量。

輪值表上還標記誰是當天指定的值班醫生。這個醫生除了他們的其他工作外，還要負責全天以電子方式傳送的值班醫生諸多任務，並要處理任何緊急情況，而總是有很多的緊急情況發生。在我剛到監獄工作的前幾個月，由於愈來愈多的醫生開始離開監獄，要嘛回到社區工作，要嘛搬去國外工作，於是我在監獄的三個工作日就成了當天指定的值班醫生。對於一個剛接觸罪犯健康照護的年輕全科醫生來說，這是一個非常曲折的學習過程。

我的朋友對於我的監獄工作極感興趣，他們當中有許多人本身也是醫生。起初他們會問我，為什麼會想和「殺人犯、小偷和強姦犯」共事，直到我解釋道，我特意不想知道我的病人做過些什麼。對我來說，他們首先是個人，而我們有責任照顧他們。他們的犯罪記錄保存在一個獨立的監獄電腦系統裡，那個系統稱為監獄國家罪犯管理資訊系統，簡稱P-NOMIS，我選擇不建立使用者帳號或密碼。[65]我只能看到我的病人的監獄健康照護詳細資訊。坐在我面前的病患可能確實是個殺人犯、小偷或強姦犯，但他們也可能僅是因為未支付罰款或無照駕駛而入獄。這些我都不需要知道。

對我來說，一旦他們進入醫療系統，便稱他們為患者，這一點很重要。當我在診所為他們看診時，我不會稱他們為犯人或囚犯。我假裝窗戶上的鐵欄杆並不存在。如果他們是備受矚目的案件一份子，我必然會知道他們是誰以及他們做了什麼，但我盡量不讓這些影響我的判斷。當醫護人員說出我們不知道他們為什麼會入獄並且也不想知道時，囚犯通常會感到驚訝。一位牙科護理師告訴我，她曾經招呼一名患者進入牙科手術室，並以問候的方式問他最近過得如何。

「我很好，」他告訴她。「我不再對小孩有慾望了。」

「噢……那很好。」她遲疑地回應。

我的日常挑戰讓我的朋友和家人都驚訝地目瞪口呆。我一天中的大多數時間都在緊急情況之間奔波，搶救人們、縫合傷口和處理傷口。我的朋友林，他是我以前辦公室的主管，來自培訓社區醫療實踐。在我們的監獄中，不存在所謂協調健康照護以及員工的辦公室主管或醫療管理人員的角色——我們只有健康照護主管以及其他各式各樣的管理者。林和我的家人朋友都擔心我的人身安全。我能告訴他們的就是，我總是確保病患坐在窗邊，而我坐在靠近門的地方，以防我需要往外跑。

我們在門診單位有看診，也在囚犯所在的監獄大樓內設有醫療門診。這些可以互換地稱為側翼樓或囚室區域，總共有六個區域。在一些監獄中，囚室區域有編號或命名；而在其他監獄，像是我們的監獄，則是以字母區分。當我開始工作時，護理師告訴我需要特別注意的是D區，那裡是藥物濫用問題的人，以及VP單位，是高觀護囚犯（Vulnerable Prisoners），他們犯下敏感或性犯罪，因而被安置在此。

D區患者有濫用藥物的歷史，包括海洛因、快克古柯鹼、酒精和任何種類的處方藥。海洛因和酒精的使用不能突然停止，這樣會導致癲癇發作和死亡。就像「冷火雞」*的火雞肉是冷的一般，那是因為它已經死了。如果有人濫用酒精或海洛因，他們需要在專家的幫助下逐漸戒掉，即使他們身在監獄裡，這個過程仍是必須的。毒品濫用和成癮是一個完整的醫學領域，我們使用美沙酮、速百騰和煩靜錠（diazepam）等藥物來穩定患者的病情。

D區的人普遍會抱怨他們的美沙酮劑量不夠高，他們仍因戒斷症候群或「全身發冷、起雞皮疙瘩」的症狀而虛弱不已。任何醫生走到D區都會立刻被一群要求增加劑量的人所包圍。這些人通常骨瘦如柴、面如死灰，有時因注射毒品而導致難以癒合的潰瘍、瘡和血塊。其他囚犯有時會不友善地稱這些人喪屍、吸毒殭屍或討藥者。

VP單位以高牆和額外的安全措施將其與監獄的其他區域隔離開來。安置於此處的囚犯被稱為弱勢群體，因為他們受到一般囚犯的輕視貶低，只要一有機會就會攻擊他們。這兩組人會在不同的時間穿行過監獄，並安排不同路線以防止任何接觸。並非所有監獄都有VP單位，也有些監獄專門只供VP使用，但我們的監獄是混合人口，大約有百分之二十是高觀護囚犯，這些人在VP單位有屬於自己的全科診間，但如果他們需要在門診部看病，也會把他們安排在遠離一般囚犯的單獨候診室。我們竭盡所能地保護他們的安全，在有那麼多人想要傷害他們的情況下，

---

* 譯註：cold turkey（冷火雞肉），也指突然戒掉一個壞習慣所出現的戒斷症狀。

這並不是件容易的事。

高觀護囚犯通常判有歷史罪行，比其他監獄人口多個數十年。在進入VP單位時，醫生可能會在中途被人攔下，通常是坐在輪椅上的人，他們想要討論關於他們多種藥物所產生的特定副作用。D區的囚犯可能是舉止粗魯，而VP單位的囚犯往往都是過分熱情以及不必要的過分恭維和禮貌。

在我診間的佈告欄正中間是一張年輕人戴著生命維持器的海報，其下方寫著警語**別用香料（Spice）來玩命！**香料或稱新興影響精神物質（novel psychoactive substances）是一種合成大麻，在獄中非常受歡迎，因為標準的大麻藥物檢測試劑檢測不出來。在我的診間裡，我最常向病患提到的海報文宣是以不太正式的Comic Sans手寫字體寫成的，看起來有點像這樣：

供所有患者參考。

醫生不能開立、或提供，以下物品：

自己的運動鞋／球鞋。

額外／自己的衣服。

額外的床墊。

單人牢房分配。

軟墊椅子。
此決定是根據安全小組和典獄長的指導／指示。

健康照護主管就在我診間對面的辦公室裡。他們一般說來都具有護理或企業管理方面的背景。有些人友善並樂於助人，有些則不然。有些人幾乎從不踏出辦公室，很難得知他們一整天都在做些什麼。雖然，老實說，我也不期待他們深入了解我如何安排我的工作日常。但當房間關上時，甚至很難想像他們是如何打發時間的。或許他們正在找新工作。許多人不到幾年就離開罪犯健康照護部門，並在其他地方找到壓力比較小的工作。有一個主管宣佈她要去經營一座天竺鼠養殖場時，她幾乎難掩自己的興奮之情。

一些管理人員和我們身處第一線的人員之間總是不可免地存在著緊張關係。我們每天皆面臨著暴力威脅和極限挑戰，往往容易感到得不到支援或不被重視，尤其是當我們壓力過大以及感到脆弱時。特別是行政人員嚴重工作過度和薪資過低。在我隔壁的辦公室裡，海莉、雪倫、麗莎和安瑪莉照亮了原本可能令人喘不過氣的陰鬱氣氛。當我坐在辦公桌前，我喜歡聽到她們從牆壁另一端傳來的笑聲。剛開始工作時我非常仰賴她們，因為罪犯健康照護和社區醫療診所的操作系統完全不同。他們教我如何登記全科預約、如何將患者轉介到外部醫院。我每天仍然需要她們的建議，並找藉口去她們的辦公室——只是為了休息一下，常常只是為了笑一笑。

海莉每次罵髒話後都會用手摀住嘴巴——這常常發生。她是一道金色的光芒，每天更新她的丈夫卡爾在自己動手作這方面的最新慘狀。安瑪莉冷面笑匠的說話方式實在太逗趣了。雪倫會坐在她的椅子上旋轉並唱著八〇年代熱門金曲。當主管不在時，我們有時候會把音樂轉到最大聲，然後笨拙地跳舞來消除緊張，就像一個釋放壓力的減壓閥，這對我們的心理健康太重要了。護理師史蒂芬總是在講冷笑話和善意的戲謔。護理師亞倫總是用握手和嚇人的奇聞來問候我。醫療助理蘇菲每天開始工作前都會說她會全心投入百分之二十的努力，但她實際上付出了百分之一百二十，因為她總是完成她的工作並協助一些其他事務。他們都是好棒的人。是什麼讓他們，或我們任何一人，日復一日地回到這裡工作？這其中有一種深厚的情誼，我們互相照顧，也照顧我們的病人。我們用心並且在乎。

沿著醫療部門走廊更往前走的地方是物理治療師、眼科醫生、足科醫生和精神科醫生使用的房間。盡頭是一扇通往病人候診室的門。唯一用途是在我們無法自行處理的緊急情況下，要將病患移送至監外醫院。若是沒有其他選項，則必須先獲得監獄官或典獄長的授權。這可能會導致醫療人員和監獄方之間的摩擦。資深監獄官經常會說他們沒有能夠護送囚犯外醫所需的人力。[66]他們可能會試圖迫使我們降低緊急情況的層級。我很快就學會堅持自己的立場。

「這個人現在需要去外部醫院。我已經聯繫緊急救援服務，救護車正在來的路上。如果你不讓救護車進來，那是你的決定，但在醫療上我無法為此辯護。」我就事論事地說。

資深監獄官員經常，但並不總是會放行。我必須為我的病患爭取最大利益，而官員們有責任保護公眾，如果他們的人手嚴重不足，就無法做到這一點。病患需要銬上手銬並與幾名獄警拴在一起，他們會護送病患到外面的醫院，即便是躺在病床上也是如此。[67] 一些囚犯被視為非常危險，需要一小組監獄官員陪同。公眾的安全高於所有其他考量因素。監獄要如何提供那些根本負擔不起的人力呢？這說明了為什麼這是一場僵局。

監獄官員保護民眾不會遇到最壞的情況發生。但這些官員士氣低落、薪水過低並感到被忽視——他們稱自己是被遺忘的第四項緊急救援服務。[68] 如果有一名獄警請病假，可能會導致同事們的人力短缺，進而處於危險之中。我見過嘴唇流著血、眼睛瘀青的獄警拒絕請病假。他們承受巨大的壓力，但始終將監獄和公眾安全置於自身安全之上。我非常尊重他們。監獄官員和醫護人員之間的關係通常很友好，有時甚至遠不止於友好。但我完全理解，若我是一名囚犯並且因壓抑的挫敗感而失去理智，我對官員的感受可能會大不相同。

醫療走廊的另一端是通往住院部的樓梯。角落有一堆雜亂的箱子和一堆壞掉的椅子，每當照護品質委員會（Care Quality Commission）來視察時都需要急急忙忙搬走，以確保我們臨床的高品質標準。[69] 走廊的盡頭同時也是個茶水間，我們可以去那裡放鬆一下。當我們休息時，醫護人員們會相互交談，而不是滑手機看社群媒體，至少有部分原因是因為監獄不允許使用手機或智慧型科技裝置。在進到監獄之前，我們把它們鎖在車裡。有時候在茶水間，微波爐會發出嗶嗶聲，我們都會慌亂及反射性地拍打自己衣服，以防我們不小心把手機放在口袋裡了。我們聊著日常，有時候我們會大聲說話，我們位在嘈雜的住院部正上方，常常不得不提高音量才能聽見彼此在說什麼，交談和分享資訊是好事。但健康照護單位同時也是一個緊張和幽閉恐懼的環境，會滋生出許多八卦、半真半假及道聽塗說。有些玩笑話會迅速惡化。例如，兩名護理師拒絕一起工作，而且已經多年沒有交談了，僅僅是因為其中一名護理師抱怨另一人的午餐有魚腥味。

我們都需要偶爾遠離彼此，遠離工作場所。我在二〇一二年戒菸，當我開始在監獄工作時，我極度想念可以用抽菸作為走出那些銅牆鐵壁的藉口。不知為何，斑剝的白牆大樓外的空氣聞起來更清新、嚐起來很甜美。我猜想，我渴望的是自由而不是尼古丁。

當我開始這份工作時，這裡沒有員工餐廳，只有在會客中心裡設有一台零食販賣機。此外，友好聯盟每週會來三次，提供三明治和茶點。在沒有員工餐廳的情況下，我們大多數人會自己帶便當或即食餐點。我是有巴基斯坦血統的英國人，我以這兩種身分為榮。我是完整的一個，也是完整的另一個，而不是一半一半。這中間有一點交集，像文氏圖表那樣以有趣又矛盾的方式交集。我的父母都熱衷於複製分享食物和款待的密切聯結，這是他們在巴基斯坦習得的習俗。因此，我的辦公室裡有一個零食抽屜，裡頭裝滿了可以分享的好東西，而且需要定期補充。任何與Y醫生進行的友善談話，Y醫生都會開立一些零食，我喜歡這麼想。

感染控制部門不鼓勵我們在辦公桌前吃東西。他們顯然從未走進茶水間。壯觀的骯髒地毯宛如羅夏克污漬測驗（**Rorschach test**）。有一台烤麵包機聞起來有燒塑膠的味道。烤麵包機和水壺不能同時插上電源，因為這會使整個部門的電力供應中斷。塞滿東西的冰箱會慷慨地把食物灑在任何打開冰箱門的人身上。正如任何共同冰箱一樣，食物常常會不見或壞掉。差不多在我剛開始來工作時，主管們慎重地在冰箱門上貼下制定的使命宣言，旨在讓我們排隊等候加熱午餐時有一種企業認同感。現在看有點無感了，它是這樣寫的：

我們的願景：

我們的願景說明了我們希望成為與服務用戶及專員合作的領先組織，在回應式環境中提供綜合健康照護解決方案。

我們的價值：

我們的價值展現了我們的信念以及我們的行為舉止：CARERS——

關懷（Caring）——關心護理人員，職場友善關懷。

親切（Approachable）——親切友好、平易近人、善於交際、樂於助人。

接受（Receptive）——柔軟和開放的心。

同理心（Empathic）——對他人的想法和感受有所回應。

合理（Reasonable）——理性、公平。

善解人意（Sensitive）——體貼、接納。

「我不會拿它來擦屁股，」我的一位新同事說。

「而且它有護貝，」另一人好心地指出。

有時我的朋友會問，監獄聞起來是什麼味道。監獄——由於那不像話的通風不良——充斥著人們腳的悶臭、發霉的淋浴間和丟棄食物的味道。在炎熱的天氣裡，整個監獄就像個滿到溢出來的垃圾桶那般雜亂。許多人非常在意他們的個人衛生，如果獄警允許的話，他們會盡可能天天洗澡。牢房裡沒有淋浴處，兩個男人通常共用同一個牢房和一個廁所。他們會在周圍掛上一張床單以獲得一絲微不足道的隱私。然而，可以理解的是，難聞的屎味隨時可能會引發爭執。

當獄警在早上打開牢房，也就是所謂的「自由活動」時，他們會排隊等候公共浴室裡的淋浴隔間。其中一些隔間裡的蓮蓬頭壞了和排水不良。水壓和溫度也非常不穩。人們在洗澡時總是穿著人字拖，因為他們最終可能會陷在淹沒至腳踝處的污水裡。由於衛生標準很差（監獄的衛生標準，不是他們個人的衛生標準），可以理解他們會害怕招致感染，而每一次皮疹都擔心是否是疥瘡。當人們需要接受醫生或護理師的檢查時，而恰好那天他們沒有洗澡，如果有臭味的話，他們往往會頻頻道歉。他們煞費苦心地想把自己和身處的骯髒環境中區隔開來。一有機會就在自己身上塗滿可可油和除臭劑，有時那個氣味實在令人難以忍受。

在看診病患的中間空檔，我的門總是半開著，工作人員會晃進來問問題或聊聊天，甚至分享一些零食。至少在職員當中，監獄裡有一個非正式的環境，這是在社區診所或醫院中罕見的。海莉的習慣是每天早上蹦進我的診間，問候一下我，然後用我的體重機稱一下體重。

「又是在天堂的一天！」她一邊說，一邊用單腳保持平衡以減輕自己的重量。這是職員之間的標準問候語，另一個是「堅持夢想」。

但並沒有，我們並沒有堅持。

她在我旁邊坐下，我從我的「秘密」抽屜裡拿出餅乾和巧克力給她。我成為一名醫生是因為我喜歡人。我總是很好奇想知道我的同事們為什麼也會來到監獄工作。職員和囚犯一樣，都有著不同的故事。海莉坦承她之所以會來面試這份工作是因為愛管閒事，想知道監獄裡究竟是什麼情況。她喜歡看犯罪類型的戲劇，想一窺究竟。她沒想到自己會得到這份工作，當然也沒想到自己會待這麼久。她的家人開玩笑地說，他們始終知道她終有一天會進監獄。囚犯們對於海莉的好相處反應極佳，她對待他們就像對待一般人一樣，而不是把他們當成怪物。我很快地意識到，那是關鍵。

監獄以吸引工作人員中的怪咖而聞名，海莉把她自己和我涵括在這一類人中（是好的那種，她向我保證）。沒有其他地方像監獄一樣，而且不久之後就會很難想像在任何其他地方工作了。相較之下，其他工作都顯得很無聊。罪犯醫護人員很快就會變得制度化。我們喜歡自決的放逐。我們喜歡隔絕外面世界的混亂，感覺當你走進這道大門時，就把所有問題像手機那般地拋在腦後。事實上，只有我自己帶著一堆自身的問題。在開始這份工作前不久，我經歷了人生中最糟糕的一年，我想許多的新同事都不會猜到我懷藏著陰暗的想法。而我應對的方式是選擇藏起來。藏在所有地方的監獄中。

第二章　歡迎來到地獄

我很快就確切發現，一個人是如何從自由之身頓時身陷牢獄。這麼說好了，這實在令人大開眼界，而R先生正是我的老師。

當警方逮捕他時，R先生正開車去學校接兒子。他們封鎖了道路，並在持槍威脅下命令他離開他訂製款的法拉利。他對他們說，這其中一定有很大的誤會。

「我是一名會計師，我的太太是醫生！」他大喊，試圖用自己中產階級身分證明清白。

警方確認他的身分。R先生被銬上手銬帶回警局接受偵訊，隨後他的隨身物品遭到沒收，包括他的手機、領帶和鞋帶。他被押送至小間牢房，等候他的律師抵達。在牢房裡，警察告知他必須遵守的行為準則。當一名護理師查看他時，他忍不住哭了起來。他的生理健康、心理健康或藥物濫用各方面都沒有任何問題。

「你們不能這樣逮捕人。我有我的權利！我是一個無辜的人。我需要和我太太說話。我需要去接我兒子放學。沒有人知道我在哪裡。你把我沒上鎖的車子丟在路邊！這是不對的。這種事不可能發生在我身上。」R先生不斷重複著。

警察給他含糖的茶，並每隔幾分鐘留意一下他的情況。如果是未滿十八歲或屬於弱勢成人的話，警察會聯繫其監護人或從他們的協助名單中找到適合的成年人。[70]這全都是標準程序。當R先生的律師抵達，警方在謹慎情況下審訊了他們的嫌疑人，並將其記錄為證據。任何警察程序但書的基本內容為：「你不需要說任何話，但如果問到的事你現在沒有說出來，之後卻在法庭上用來捍衛自己，則可能會損害你的辯護。你說的任何話都可能因此成為呈堂證供。」[71]

幾個月來，警方一直在調查R先生，他們聲稱他一直在為一個龐大的毒品走私卡特爾販毒集團洗錢。他難以置信地搖頭。他說他們找錯人了。R先生向他們保證，他會針對這次錯誤的逮捕對他們採取法律行動。

他們問他，汽車後車廂裡的數萬英鎊有什麼用途。R先生的車並沒有被遺棄在路邊。而是遭到扣押並由警方保管。

R先生的律師建議他對於所有進一步的問題皆回答「無可奉告」。

他被警方拘留了二十四小時，並再次接受訊問。警方向治安法院（Magistrates’ court）申請將他羈押更長時間。他涉嫌嚴重犯罪，因此獲准延期。他的律師辯稱，證據是間接的，並要求警方保釋R先生。這是基於R先生會返回警局接受進一步訊問的協定。要求警方保釋遭到駁回，因為R先生有國際聯繫，被視為有棄保潛逃的風險。該案一審移交治安法院，由於這是一起嚴重的刑事案件，隨後移交至皇家法院（Crown Court）。R先生在那裡被銬上手銬，並得知他會被帶到還押監獄等候審判。

「我在審判之前就要先入獄？」他難以置信地問。

監獄的交通不便。囚車被稱為汗箱是有原因的。車裡充斥著與公廁隔間差不多大的上鎖小隔間。囚車開往全國各地的監獄和法院，這可能是一段漫長路程。對於被告而言，這也是一種幽閉恐懼的經歷，預示等著他們到來的牢房。

當R先生抵達監獄時，囚車經過之前被蓄意破壞的入口標誌。透過刮漆以及使用粗體簽字筆的完美結合，現在上面的字變成了「歡迎來到地獄」。

囚車停在大門外，需要進行一連串檢查。有時會有一長排的囚車，這導致原本就已經很緊張的新囚犯需要更長時間的等待。最後，囚犯們一個個從囚車上走下來，接著被帶至監獄中一個稱為報到處的地方。「報到處」這個詞讓人聯想到的，是個有著熱烈歡迎、有著飲水機和盆栽植物的畫面。但監獄報到處是宛如兔子窩般的走廊，裡頭全是拘留牢房和囚室。新囚犯在大門和鐵門被猛然關上的喧囂聲中大喊大叫——聲量勢不可擋並且持續不斷。對於之前從未入獄的人來說，這很可怕——R先生嚇壞了。

他坐在拘留牢房一角，盡量不與任何人有目光接觸。其他囚犯中有一個身材魁梧的人（即使以監獄的標準看來也是如此），他的雙眼下方有著淚滴的刺青，他一直問R先生有沒有菸。R先生幾乎是不停搖頭，但問題接踵而至。在牢房遠處角落，坐著一個衣衫不整的男人，因為沒有廁所，他直接拉下褲子在地板上大便。狹小的房間裡很快就充斥著惡臭。R先生摀住嘴開始作嘔。其他人開始踢門，要求出去呼吸新鮮空氣。門一直關著。

最終，一名獄警前來接走R先生。在一個掛有簾子的隔間裡對他進行脫衣搜身。這很羞辱，但不幸的是，這是強制性的，這麼做是為了避免人們將毒品和武器偷運進監獄。有時候男人會把違禁品藏在陰囊後面。R先生沒有私藏毒品，他獲得一套灰色寬褲和淺藍色T恤的標準囚服。囚服上沒有口袋，這是為了避免藏匿違禁品——這也是身體孔洞那麼受歡迎的部分原因。一般來說，老練的囚犯會把貴重物品放進襪子裡。另一種在監獄裡感到不安全的跡象是，他們習慣把手放在運動褲的內側，就像蓋住他們私處那樣。也許是他們覺得容易受到攻擊，就像足球員在防守自由球那樣，同時也類似於在為攻擊做準備。或者更有可能的是他們的手太冷了，正在自我保暖。這肯定讓我不想和他們握手。R先生必須坐上所謂「老闆椅」的金屬探測椅。[72]如果檢測到人體中有金屬，椅子會發出嗶嗶聲。他通過探測進入報到流程的下一階段。

他的手機已被沒收，但囚犯有幾分鐘時間寫下重要的電話號碼、地址和日期。監獄官們整理著成堆的衣服和囚犯的物品，這些物品會被記錄並裝袋存放，在出獄時得以取回——如果沒有被放錯地方的話。R先生戴著一支極為昂貴的手錶——上面鑲嵌著完美無瑕的鑽石。問題來了，如果它被錯放，那將是一個重大事件。他們聯繫了典獄長，並請求許可將其存放在上鎖的保險箱中。

接著，R先生被詢問一些問題，並簽署稱之為「協定」的短期合約，他同意遵守監獄規則。他拍了照並獲得一張監獄身分證，被告知必須要隨身攜帶。而，假如他還未完全感受到充分的去人性化，那麼接下來的流程他將會充分感受到：R先生被分配到一個獨特的監獄編號，這個編號很重要，甚至比他的名字還要重要。監獄編號通常差不多像是A1234AB。在監獄裡背頌出編號以及名字將成為第二天性。他的個人詳細資料、照片、指紋和犯罪細節已上傳至監獄國家罪犯管理資訊系統。然後，他必須等候醫護人員對他進行評估。

R先生是名吸菸者；他是品嚐最高級古巴雪茄的鑑賞家，他把雪茄放在燻蒸器裡。他配給到一包菸盒，裡面裝有少少幾根菸和一支打火機。[73]他拿到一個塑膠碗、塑膠杯和一支湯匙。他還得到一個早餐包，裡面有一小袋麥片，份量勉強可以讓一個小嬰兒吃飽。他得到一小瓶保久乳、一個茶包或一小袋咖啡，可能還有一些糖（如果有的話）。[74]在早上打開牢門解鎖之前，他應該要在牢房裡吃完他的早餐，所有的餐點都是一個人吃，或者和獄友一起吃，而不是像我們常常在監獄電視影集中看到的，大家一同圍坐在公共餐桌吃飯。

許多囚犯都是熟悉的面孔，監獄是他們第二個家。監獄官員以一種既快活又氣惱的心情迎接他們。但，對於像R先生這種新手來說，工作人員確實意識到這種「歡迎」可能是一種驚嚇的過程。有時候新手會被不友善地稱作「Fraggles」，這是兒童電視節目《布偶奇遇記》（Fraggle Rock）中易受驚嚇的生物。在監獄裡，一切都有一個綽號。為了幫助軟化衝擊，受信任的囚犯會獲得較高的地位，可以成為局內人或由撒瑪利亞會慈善機構（Samaritans charity）培訓成為傾聽者。[75]他們能夠為新手提供極有幫助的些許安慰。人們出於各種原因加入「傾聽者」及「局內人」培訓計劃。有些人是尋求能夠離開他們牢房的額外時間，並有機會討好監獄官員。然而，肯定也有一些人，這可能是他們一生中第一次，感到被他人信任、尋求幫助，於是全心全意地予以付出。

在報到期間，傾聽者和局內人會與初次到來的人坐在一起，與他們聊著整個流程並盡可能地減輕他們的恐懼並提供建議。這是理想的想法，但實際情況並非總是如此。高觀護囚犯和一般囚犯一到監獄時就會分別關押在不同的牢房裡。其中一個局內人喜歡走到VP拘留牢房以嘶聲說道今晚是「強姦之夜」，來折磨新來的高觀護囚犯或性犯罪者。

囚犯可以有兩分鐘的電話時間通知家人和朋友他們的所在位置。其中有一些人，像是R先生，事前沒有任何跡象表明他們可能會入獄。大多數人甚至還沒有取得開庭日期。他們僅知道，他們被還押在監獄裡等候審判，這可能是即日起六個月或更長時間。在可想見的未來，他們回不了家。他們所熟悉的人生——家庭、工作、帳單——驟然中止。如果沒有人收件怎麼辦？如果家裡有需要照顧的寵物怎麼辦？還是有生病的親友？如果拖欠貸款，他們會失去房子或公寓嗎？他們的所有物會被收回嗎？他們怎麼可能理解這一切並向自己解釋這些奇怪的新局勢，更不用說是對其他人了。

R先生用他的兩分鐘時間向他的妻子解釋他們的生活剛剛崩塌了。

「這全是個可怕的錯誤。」他不停地對她重複，直到電話被切斷。

「別讓自己太難過，一切都會沒事的，先好好睡一覺，明天你可以重新開始。」一位和善的女監獄官對她說。

「我在這裡沒辦法生存的。這不是我，我不適合坐牢。」R先生低語。

「你會沒事的，我們會照顧你。」她溫和地說。

這些小小的善舉都能成為某人不祥烏雲的一輪明月。我很快意識到，在這裡工作的大多數職員都想幫助他人。無論他們的工作有多艱難，他們都會努力讓其他人的生活變得更加寬容一些：不論是對囚犯，還是對彼此。正如他們所說，我們全都待在這裡。監獄官員和醫護人員通常都很友善及樂於助人，遠遠不同於那些粗暴的工作人員，在苦難中壯大的麻煩靈魂。這些人最好避而遠之，比如，當我休假回來時，特意來找我的那個獄警。

「去放假啦？」他問，語氣很愉快。

我點點頭。

「沒有人想你。」他說，然後得意地笑了笑。

「你為什麼要跟我說這個？」我問。

他沒有回答，愉快地走開了，他的一天變得開心起來。

幾個月後，這名獄警突然在工作中倒下，我被叫去幫助他。他似乎忘記自己有多少次跟我的同事們表示他不喜歡我。他握住我的手，含淚感謝我救了他。當救護車載他前去醫院時，我祝願他早日康復。人是無比複雜的，能夠在他們最需要幫助時予以協助是一種榮幸。

R先生接受報到處護理組長凱許的評估，也就是所謂的首夜篩檢。[76]凱許自己坦承，他不太像個護理師。他在耳朵後面放著一支筆，這是他當建築師時養成的習慣。除了他的護理資格證書外，他還擁有英國城市專業協會（City and Guilds）的砌磚資格證照。他看起來像個調皮的高中生。凱許習慣在面對權威人物時拉起上衣領口遮住嘴巴。他是報到處的完美護士，他的那種「平凡無害」讓人們感到安心。

在建築工地開始工作後，在快三十歲時，他上了三年夜校，並取得社會照護的BTEC（英國商業與技術教育委員會）文憑，以及數學及英文的GCSE（中等教育普通證書）。他錄取參加心理健康護理師培訓計劃，並在三年後取得資格。他在精神科急性住院病房工作了六年，那時，他被借調入獄一年——那已是十五年前的事了。

R先生的整體健康和良好狀態評估包括了身體、性、心理健康和藥物濫用史。他還接受了一整套基本檢測，包括血壓和體溫檢查。因為擔心到他會有多焦慮，於是，凱許解釋道，他還需要由我這個監獄醫生協助進行評估。凱許幫R先生預約加到我那不斷增加的病患名單末端。看診這一連串新進病患，我已經感到疲憊不堪。他們當中的大多數人都已經戒毒戒酒了，而有一些人生病或把自己搞得一團亂，另一些人在注射毒品的部位感染了病毒。我們總是檢查他們小腿上的血凝塊，稱之為深部靜脈栓塞（DVT），如果不加以治療，可能會導致血凝塊脫落並積在肺部，進而造成可能致命的肺栓塞，或傳播到大腦並導致腦中風、甚至死亡。有一些患者告訴我們，他們有嚴重的心理或身體健康問題，像是癲癇症或思覺失調，並且在這幾個月來一直忽略他們的藥物治療，意思是他們在臨床上是不穩定的。

英國監獄中使用的醫療電腦系統並沒有完全整合於國民健保署（NHS）或社區醫療系統。[77]也就是說，我無法從系統入口即刻查看到囚犯的社區醫療記錄。於是，在第一次診症中，除了病患告訴我的資訊，其他的幾乎無從得知——他們可能是精神病患、精神錯亂、戒毒戒酒、身體不適、疲倦、飢餓、憤怒、說謊，或綜合以上所有情況。社區醫療記錄需要由我方管理團隊提出申請，並且最多可能需要一週時間才能收到簡略的摘要。一開始，這感覺就像在急診室（A&E）工作，試想有一名相對資淺和缺乏經驗的醫生掌管著急診室，他就像是被蒙上眼睛，然後把廁所當診間用那樣。於是我也就習慣了。

獄警們常常提醒我，所有人最遲都需要在晚上八點之前看完診並關回去。如果監獄外沒有一長排佇列等候的車輛，而這些人在晚上七點還陸陸續續進來的話，這本來是一項可以完成的任務。我並沒有氣到血管爆炸，而是試著心平氣和地解釋說，我正在盡可能快速並安全地工作。今晚沒辦法看完的病患將安排在早上第一時間接受檢查。白天的工作人員在晚上八點下班。監獄必須在晚上十點之前關閉並完全上鎖。這時監獄會進入巡邏狀態，除非有緊急情況，否則不到早上是不會打開監獄牢房的。接著，夜班獄警將在現場巡邏，一兩名夜班護理師必須通宵處理任何醫療緊急情況。

凱許把R先生關在我診間對面眾多拘留牢房中的其中一間，實際上就是一間大約十乘十二英尺、帶有強化塑膠門窗的囚室。有一些長凳用螺栓固定在地板上，這麼一來就不會被當作武器使用。拘留牢房裡的囚犯經常踢門，要求出來上廁所。他們乞求食物和水或美沙酮和藥物。當我在走廊上走來走去，把病患帶進我的診間時，他們會叫住我。

「我的美沙酮呢？我病了，拜託，我病了。」

「你是醫生嗎？醫生……醫生，請不要把我留在這裡，我快死了。」

看他們擠在那麼小的空間裡真是太可怕了。有一種恐懼和絕望的汗臭味。報到流程非常詳盡，可能動輒數小時，輪到他們要去看醫生的時候，許多囚犯只想上床睡覺。醫生會開應急藥物，包括酒精解毒劑或美沙酮鎮定劑，讓他們在夜晚感到舒緩，然後第二天早上在門診部對他們進行適當的評估。

沒有任何健康問題的新進囚犯會被帶到「引導區」試著適應環境。那些有藥物問題的囚犯會去D區。高觀護囚犯到VP單位。如果有人身體非常不適，會被移轉至住院病房（假如有空位的話）。在最初幾週，獄警會引導他們，說明並展示如何安排把錢匯入他們的監獄帳戶，但嚴禁攜帶現金。所有囚犯都必須在監獄裡工作或接受教育。許多人缺乏基本的識字和算術能力——其他受過高等教育的人，如R先生，可以參加開放大學課程。如果他們做全職工作或接受教育，每週將獲得象徵性的報酬，通常大約是十英鎊，這筆款項會直接轉入他們的監獄銀行帳戶。囚犯可以在監獄裡的工業單位和小工廠開始工作，每所監獄都有不同的車間和項目，如砌磚、油漆和裝飾、安裝雙層玻璃窗等等。這些人可以擔任側翼樓清潔工以及廢物管理和回收工作。

他們通常把錢花在兩個地方。他們買電話儲值卡來撥打通過審查的電話——牢房裡沒有電話。公共電話位在嘈雜的過道平台上，因此所有私人談話都必須在喧囂中大聲喊叫，而且可能被排隊等候打電話的囚犯無意間聽到。讓缺乏隱私更加沒有隱私的是，所有電話都由安全團隊記錄和監控。囚犯還會購買食物和盥洗用品，可以透過「康囤」（Canteen）的每週郵購系統訂購。

報到拘留牢房對面是一扇門，門上有一個破舊的金屬標誌，上面寫著「請勿踢門」。顯然被徹底忽略了。這個小房間實際上是一間廁所，但它被用來當作報到處的醫生診間。當電燈打開時，破裂的油氈地板上閃閃發光，蠹蟲快速竄向角落。小房間裡一側有一個馬桶和洗臉槽，另一側有一張小桌子和椅子靠著牆放。房間裡連最基本的醫療設備都沒有，像是血壓計或體重機，門必須用一塊硬紙板卡住，否則它會自行打開。

當我第一次環顧整個監獄環境，看到這個房間時我笑了，以為這是一個精心設計的笑話。我仔細盯著聚集在角落的一團灰塵以及堆在水槽裡發霉的杯子。患者的病歷資料夾掉落在桌子後面，卡在牆縫。我注意到一份已經過期四年的「紅色刊頭」報紙。沒有任何打掃清潔的跡象，所有東西都覆蓋著一層厚厚的塵垢。天花板上的兩支燈管只有一支會亮，閃爍著令人煩厭的脈衝。緊急按鈕在搆不著的地方，也沒有電話。沒有足夠的空間放長椅。如果發生緊急情況需要檢查患者，他們必須躺在骯髒的地板上。頭靠在馬桶旁邊，或面對著一扇隨時可能打開的門。我已經明確表示，我絕不可能在地板上查看病患。這太噁心了，我拒絕忽視對工作人員和患者尊嚴上的侮辱，這違反良好的醫療實踐和醫學總會的指導方針。[78]但他們告知我報到處沒有其他空間可用。

在接下來的幾個月，有時我會違背自己的堅持，讓患者躺在我的外套上，在地板上檢查他們。為了表達我對這些情況的不滿，我唯一能做的就是完成一份事件報告。這份報告已經寄給管理者進行審查並採取行動。但多年來沒有任何動作，直到最後，才終於把馬桶移除並放上長椅。我只願能把手機帶進監獄，這樣我就可以拍下這個房間和其他房間的照片，讓人們知道囚犯是在什麼樣的環境下接受治療的，這令人震驚。

在報到診間外，囚犯的怒吼衝撞著我的門。我試著花更多時間與初次來到監獄的人相處，如R先生。他是我在這個特殊的晚上所評估的十六人之一。許多人之前曾進過監獄，有些人甚至是幾天前才釋放的，但現在又出現了。他們像朋友般地跟我打招呼，儘管我之前可能沒有見過他們，但他們對整個體制是如此熟悉。他們認為，這是他們得到他們想要的東西的方式。

「你最近好不好啊，醫生？你看起來很不錯。你能開一些安眠藥給我嗎？」

在走廊上，凱許為我打開拘留牢房的門。他問我接下來要看誰。我讓他看了我在一長串名單上潦草寫下的名字。

「哈里遜先生。」凱許朝著候診室喊道。

所有的目光都注視著我們，最終，一個衣衫不整的男人開始拖著腳走上前來。啊，是那個在牢房角落大便的男士。他的灰色長髮凌亂不堪，因長期酗酒而臉頰腫脹變色，但違合的是，他有著一口潔亮的白色假牙和燦爛的笑容。當哈里遜先生慢慢走向門口時，那個眼睛下方有淚滴刺青的大個頭囚犯插隊到他前面。

「我是傑米．洛維爾。我要排在這個臭嗑藥仔前面。」那個男人大聲說。他高過我和凱許。我試著不畏縮。

「醫生要先看哈里遜先生，」凱許說。

「我來自洛維爾家族，我們想怎樣就怎樣。」

「不會是今天。回到牢房裡。」凱許語氣平淡地說。

「否則咧？」

「否則你什麼都得不到。」凱許告訴他。這個方式似乎奏效了。洛維爾先生放棄了。

在沒有清理的惡臭排泄物中，我可以聞到明顯的大麻味。凱許也察覺到了。

「誰在抽菸？」他問。

哈里遜先生把藏在背後的捲菸扔到地上，開始搖晃。他倒在地上，頭撞在水泥地板上時發出令人難受的重擊聲。他開始踢腿並抽動雙臂，這是癲癇發作。他的頭在抽搐，口吐白沫。拘留牢房裡的其他人開始遠離他，背靠著牆壁——既驚慌又興致高昂。凱許按下緊急按鈕，黃燈開始在我們上方閃爍。

「急救代碼（Code Blue），報到處急救代碼。」他對著對講機說，這是對於癲癇發作、胸痛或非法吸毒的簡略表達。[79]

獄警和護理師們從報到走廊兩旁的房間裡衝出來。護理師拿著大型人工急救甦醒球和攜帶型氧氣筒。我們全都進入牢房開始做心肺復甦，其他犯人擠到更邊緣。我們按壓哈里遜先生的胸膛，透過袋裝面罩將氧氣送進他的嘴裡。我們盡速進行i-gel插管，輔助他透過氣管呼吸並連接氧氣筒。[80]我在哈里遜先生手背靜脈處插入一根針，這樣我們就可以投藥了。儘管他昏迷不醒，但我們一直在和他說話，說明我們正在做什麼。整個過程中，洛維爾先生一直在旁邊冷嘲熱諷。

「洛維爾，你他媽的給我閉嘴。」一名獄警最終大喊。

「來啊，把我綁起來啊，我沒在怕你們這些螺絲。我跟你們拼了！」洛維爾先生大叫。他開始像大猩猩那樣捶胸。

獄警用他的無線電呼叫。轉瞬之間，一大群獄警趕來了。當我們在進行心肺復甦時，他們跨過我們開始壓制洛維爾先生。洛維爾先生如他所承諾地與他們搏鬥著，但很快就被制伏了，他的手臂和雙腿被扭在背後，整個人正面朝下趴在地上。我在揮舞四肢、吼叫、尖叫、毒品和發狂的大海中游泳。我從未感受到這般活力。

「別用你他媽的手指碰我的古奇，你這個變態。你們全是一群強姦犯。」洛維爾先生尖叫。

當時我不知道什麼是「古奇」（gooch）或「強姦犯」（nonce），便在腦中默默記下日後再研究。我在自動體外心臟電擊去顫器（AED）上觀察著哈里遜先生的心跳跡象。它顯示一條直線。

「那是一條直線，你需要電擊他，我在電影裡有看過，我的太太是醫生。」R先生在外圍這麼對我說。這時，他和其他囚犯都已經爬到我們四周的長椅上，好讓我們有更多的工作空間。他們靜靜地看著事態發展。

「直線是不可電擊的，那部電影顯然沒有聘請醫學專家。」我的語氣比我以為的還要平靜。[81]

我引導我的同事完成了整個復甦過程：在重新檢查前進行了兩分鐘的心肺復甦。用力並快速按壓。我們每兩分鐘換手一次以免沒力。我在AED上檢查哈里遜先生的心律。現在是一條顫動的線，代表心臟正在以一種不規則的方式跳動。就像一袋蠕蟲。AED發出機器聲音指示我們需要對心臟進行電擊，讓這種狀況停止並正常重啟。

「淨空，拿開氧氣，充電，電擊！」我大喊，然後按下了按鈕。哈里遜先生整個身體抽搐，我們立刻再進行心肺復甦。

在監獄工作之前，我對香料一無所知。它是迄今監獄中最流行的毒品，因為它難以透過標準毒品測試查檢出來。它可以噴塗在紙上，然後以看似正常的信件送進監獄。[82]含有香料的紙張可以切成小張，放在舌頭吸收或菸吸。很快地，我整天跟著護理師一次又一次衝向急救代碼和緊急情況，而香料正是原因所在。香料有很多名稱：合法興奮劑、合成大麻、新興影響精神物質（NPS）、精神活性物質（PS）、飯或黑曼巴。[83]而且，雖然人們也稱它為「假大麻」或「合成大麻」，但它比一般大麻效力更強，因為它有時候會摻雜魚鎮定劑和殺蟑螂藥，這些實驗室製造出來的化學物質具有麻痺神經的影響。[84]有一個牌子叫「Man Down」，因為它號稱可以使用者幾乎昏迷不醒。[85]一般用藥者被其他囚犯稱為「香料頭」。香料會使人精神錯亂、偏執妄想和好鬥。在監獄裡，他們從過道上跳下來，撞牆、咬下自己的舌頭。我們為他們進行急救，通常他們會在一小時後再次重蹈覆轍。與香料和曼巴相關的緊急情況實在太多了，以至於囚犯把經常出現在監獄中的救護車稱為「曼護車」（Mambulance）。香料被視為不適合人類使用，因此不受藥物法令監管，直到最終於二〇一六年才將其立法禁止。[86]

「來吧，老兄，醒醒吧！」我對哈里遜先生說。

果然就在這個時候，就好像一部糟糕的B級電影那樣，哈里遜先生坐了起來，一副要吐的樣子，把管子從喉嚨裡拔了出來。他的假牙掉在膝蓋上，他眨了眨眼，清醒過來，然後把假牙整齊地裝了回去。在我們四周，囚犯們鼓掌歡呼。護理師們收拾設備，將哈里遜先生帶到住院部接受隔夜監護。獄警們把洛維爾先生拉起來，告訴他要把他帶到隔離區。這會是一段隔離期，可能不會超過二十四小時，他可以在這段時間反省自己的行為。在他們把他拖下走廊時，他狂尖叫並大聲咒罵。

我叫了我的下一位病患，R先生。我們兩人都因這漫長的一天而感到筋疲力盡。這可能是他人生中最糟糕的一天，但對我來說，在我的這份新工作，這才只是星期三而已。R先生如今穿著囚服，出汗的手緊緊握著身分證。他看起來仍是格格不入。他那昂貴的古龍水香味仍在。我告訴他，我的診間是一個安全的地方，他可以宣洩自己的情緒。在無處不在的喧囂中，我盡可能溫柔及緩和地對他說話。我對他說，我能夠想像這一切對他來說有多麼艱難和可怕。

一開始他說話很平靜。他很有禮貌、很莊重。然後他開始痛苦地啜泣和打嗝。他將手肘撐在小桌子上，將臉埋在雙手中。淚水從他指間流下，一路滑至他的手臂。我的辦公桌上有一盒面紙，我並沒有把它推向他，怕他以為這是要他停下來的信號。他需要多少時間都可以。

「是我做的，我在洗錢。我真是個傻瓜。」他嗚咽著說。

第三章　醫生現在可以見你了

在監獄的最初幾週，我還不能「攜帶鑰匙」，這是允許擁有自己的鑰匙並可以在機構內自由走動的用語。早上我必須在大門口等待別人來接我，然後一整天的行動都有人陪同。監獄裡所有的門，包括醫療單位的門，在不使用時皆從外面上鎖。尷尬的是，連上廁所都必須徵求同意，有人會替我開鎖並在外面等我上完廁所。我的自由被剝奪了，這是在鐵窗裡身歷其境的重要經歷。

在我通過「鑰匙傳遞與要求」（Key Walk and Talk）評估前，我無法擁有鑰匙。鑰匙是我們（員工）擁有的最有價值的工具。鑰匙必須繫在腰帶上的鏈條上，並裝在一個帶扣的小袋裡。當沒有使用到鑰匙時應該時時放在袋子裡；如果它們暴露在外，代表它們很容易被盯上。丟失我們的鑰匙意指立即解僱。有一位監獄醫生前不久被「請出大門」，也就是即刻革職。他習慣把鑰匙拿在手上，而不是在掛鑰匙鏈上。他想必是在看診和有人來找他報告事情之間把鑰匙遺留在他桌上——它們不一定有被拿走，但光是鑰匙可能會被偷走的就足以構成解僱的正當理由。如果囚犯偷了我們的鑰匙，那將是個重大安全漏洞。監獄裡的每一把鎖都得花大錢更換。而下一次的「鑰匙傳遞與要求」評估會在六至八週後進行。在那之前，我需要一位固定的伴護人。

我很幸運，格雷姆護理師主動提出要當我的嚮導。當我第一次探索這個地下世界時，他便是我的細心嚮導，一如維吉爾之於但丁。格雷姆年近六十，濃密的頭髮整齊分邊，方下巴。其他護理師開玩笑地說他看起來像個沒有小鬍子的七〇年代色情片明星。他擁有雙重資格證照，意思是他既是一名心理健康護理師，也是一名基礎護理師。他可以縫合囚犯自殘的傷口，同時記錄心理健康史。格雷姆還在A級監獄擔任監獄官員多年，對於一切罪犯健康照護的百科全書式詳介，我已經極度滿足了。他個性開朗，在任何情況下都能保有幽默感，就像在泥濘中淘金一樣。他的伴侶瑪麗是一名健康照護助理，和他一樣充滿熱情。格雷姆和瑪麗很快就變成我在工作上的衣食父母。

「堅持夢想，」格雷姆每天早上都會說。

這是監獄工作人員的典型問候。我很快就採納了。

我有一個問題。「格雷姆，我見過的大多數囚犯都很高壯。他們就像打了類固醇一樣。」我說。

「他們或許是。」他回答道。「Y醫生，不要讓他們嚇到你。他們有些人喜歡激怒你。這對他們來說是一種娛樂。他們想看到你失去冷靜並發怒。不要稱了他們的意。看起來有自信很重要，特別是當你感覺沒有的時候。不要示弱。你是醫生。一切你說了算。展現你的權威，否則他們會把你生吞活剝。」

我點點頭，但我對自己毫無把握。我天生就是個濫好人。我生性內向、臉皮很薄，而且，像大多數醫生一樣，是個完美主義者。在我的所有醫學訓練中，包括我在遊民社區的工作，都沒有任何面對這類病患的準備。這是個未知領域；像是在一個沒有地圖的地方折起的地圖。

格雷姆去候診室接了第一個病患到我的早上門診。我站在辦公桌旁，試圖展現出權威。

「醫生現在可以見你了。」格雷姆宣佈，門打開了。一名高大的男人步履蹣跚地朝我走來。

H先生聲稱他想殺了他的妻子。他說得一副就像在點午餐那樣容易。他一直在吃一種抗憂鬱的處方藥，但突然停止服用，因為它導致了勃起功能障礙，這是一種已知的副作用。[87]因此，他的情緒也隨之低落。他遭到還押候審，定於下個月被判刑。在我們阻止他開口之前，他宣稱他被指控犯有實質的身體傷害罪，如果是初犯，最高可判處五年徒刑。[88]H先生坦承這不是他的初犯，他之前有過多次傷害定罪。他正等著一個長期徒刑。我不想聽到這一切，但又忍不住要聽。

「你想要轉診到監獄心理健康服務團隊（In-reach mental-health team）嗎？他們可以幫助你改善情緒低落問題。我們現場有心理健康護理師。」格雷姆告訴他。

「我才不要聽那些『瘋人院』的廢話，逼我唱什麼快樂頌。」H先生粗聲粗氣地回。

「我可以請牧師團隊來看你。我們也有受過撒瑪利亞會訓練的傾聽者，要嗎？」格雷姆說，再試一次。

「我不需要那些上帝煩人精，我只想要打電話給我太太。」H先生說。

「你有什麼話想對她說嗎？」格雷姆問。

「有啊。如果她提出對我不利的證據，我會割開她的喉嚨。」H先生這麼說。一開始我以為我聽錯了。

「這聽起來比較像是監獄裡的事。」格雷姆冷靜地說。

當H先生離開診間後，格雷姆打電話給安全小組，他告知，H先生曾威脅過他的妻子。安全小組會通報警方。像這類的威脅，就算只是開玩笑，也要嚴正以對。

下一個患者是B先生。他一進房間就聲稱自己精神崩潰了。

「唯一的好事是，如果那算得上是好事的話，就是我兒子跟我共用一間牢房。我們被控共謀犯罪，意思是我們犯了相同的罪，[89]就是毒品，我們是農夫、負債累累。有人說服我們經營一個大麻農場。那是一個很大的運作體系，而我們只是小魚。我擔心的是他。我毀了他的人生，他才二十出頭。那個床一點用都沒有，我睡在一塊木板上。一塊真正的木板！我並不期待五星級飯店，但這比狗窩還糟。我不是什麼壞人，我只是做了一些蠢事。」B先生說。他低著頭，焦慮地搓著粗糙的手。

我提議將他轉介給格雷姆所說的心理健康服務團隊。B先生拒絕了。就如在他之前的H先生一樣，他不想被貼上瘋子的標籤。這是個一再出現的話題——沒有人想要承認他們在心理上飽受掙扎。我告訴B先生，我們都需要適時的一些幫助。我指出，這可能是他人生中壓力最大的時期。格雷姆再次說明，我們也有可以和他聊聊的傾聽者和局內人。B先生說他已經被其他囚犯警告不可以跟傾聽者和局內人說話，因為他們是監獄的抓耙子。囚犯們會認為他會向監獄官報告一切，不能信任——我不知道這是否屬實。

「如果你拒絕幫助，沒有人能為你或你兒子做任何事的，」我告訴他。

「有一個針對新手的小組，他們每週二晚上聚會。」格雷姆說。「還有一個音樂小組每週三會在教堂聚會。你不會想要整天被關在牢房裡的。」

「我會跟我兒子說。這或許對他有幫助。」B先生說。

「問問你兒子他想不想來跟我們談一談。」格雷姆提議道。這是我們唯一能為B先生做的了。

接下來進門的是KZ先生。

KZ先生是一名二十五歲的波蘭人，之前曾在英國和波蘭進過三四次監獄。他英語流利，不需要語言服務，那是我們的電話翻譯服務。[90]他說他流浪在街頭，並且「在外面」——每個人都用這個字來這麼形容監獄外的世界——他每天喝六公升打折的蘋果酒。我不確定他是否誇大了他的飲酒量，他希望服用更高劑量的煩靜錠，那是一種我們用來做酒精解毒的部分鎮定劑。毫無疑問，這個量，很大。

格雷姆教我如何向整合戒毒治療系統（IDTS）送出轉診信。[91]我很快就會非常熟悉這個系統操作，但現在對我來說，一切都是新鮮事。他們是接管KZ先生在監獄中藥物濫用的護理團隊。在此同時，我開了一種結合了煩靜錠、硫胺素和維生素B的酒精解毒藥。酗酒者通常會從飲酒中獲得大部分的卡路里，而且沒有好好飲食。這導致他們缺乏必需的維生素。沒有這些維生素，可能會對神經造成永久性損害、痲痺、肌肉萎縮，最糟的情況是永久性的記憶喪失和神志不清。

當KZ先生離開診間時，我向格雷姆吐露，若沒有他的幫助我真不知該如何是好。這裡的轉介服務與社區診所的做法完全不同。

「你很快就會熟悉的。」他安慰道。我必須得相信他。

格雷姆去接下一名患者。他帶回那個前一天晚上在報到處挑釁、有著淚滴刺青的大個子。他連夜被轉移到隔離室，今天早上被釋放——我希望他有受到懲戒。儘管有了昨天的攻擊行為，但現在他並沒有任何獄警陪同。如果他像幾個小時前那樣動作，我們該怎麼辦？

「你可能還記得洛維爾先生。」格雷姆邊說邊把這個男人帶進來。

「你好，印象中我們還沒有機會介紹。我是Y醫生。」我邊說邊伸出手。

「你得給我開藥，我很緊張。」他開始說，「我需要普瑞巴林來解決我的憤怒控管問題，而且我的手因為打人而傷到神經。普瑞巴林對這兩部分都很有效。」他從我身邊擦身而過，躺在靠窗的椅子上。

「我可以試著幫忙。」我說。

我從包包裡拿出英國國家處方書（British National Formulary，下稱ＢＮＦ）。ＢＮＦ裡列出所有英國規定的藥物資訊。[92]如果遇到我不熟悉的藥物或劑量，我總是先查看ＢＮＦ。這是標準做法。我的書已經翻到爛了，上面寫滿了註解。在當時，普瑞巴林不是我非常熟悉的藥物，但是，讓病患看到我的不確定——尤甚是像洛維爾先生這樣的病患——會造成不好的影響。普瑞巴林用於治療神經性或神經疼痛等疾病；這是我預期由神經科或精神科醫生所開出的處方。[93]這不會是治療神經損傷的第一線或二線用藥。在我繼續之前，我需要先跟洛維爾先生的社區醫生確認他確實有開立過這種藥。

「我沒有在英國社區診所掛過號，我到處旅行，我自己診斷並在網路上買我需要的藥。我不會讀也不會寫，而且我不需要這麼厚的一本書來告訴自己我需要什麼。」他說。

我隱約感到不安，洛維爾先生已經意識到我不會為他開立普瑞巴林，對於我的拒絕他應該不會太開心。

「除了你要求的普瑞巴林，還有什麼需要醫生協助的嗎？」格雷姆問道。

洛維爾先生哼了一聲，開始用手指敲打桌子。他的手很大。我注意到兩隻手都有掌骨骨折，他的指關節因揮拳受傷而凹陷。他顯然不是那種靠口才取勝的人。他一隻手的手指上刺了

BRUM，另一隻手的手指上刺了0121，那是伯明罕的區域號。撇開其他不談，他很愛他的家鄉。

他發現我在看。我真希望我能把我的臉調整成面無表情。

「你喜歡我的刺青嗎，醫生？你是伯明罕人嗎？」他問。

「依規定我不能說。」我平淡地回應。

「如果我想跟你套交情呢？」他說，為自己的笑話哈哈大笑。

我沒有回答，因為他是對的。格雷姆給我的第一條建議是，永遠不要對囚犯提供任何個人資訊。一開始看似是禮貌的交談，但後來他們可能會用最無害的細節來勒索我走私金錢或電話。其他職員也遭到連累、解僱，甚至害自己入獄。我被告誡，如果一個囚犯對我感興趣，我應該隨時懷疑他別有用心。

「我不需要跟任何人套交情；我可是頭兒。」洛維爾先生繼續說。

我不知道在監獄裡「頭兒」代表什麼意思，但現在不是問這個的時候。

「你聽起來不像伯明罕人，醫生，你談吐很優雅。非常聰明。你用很難的字，咬文嚼字就像字典一樣。非常做作，難道不是嗎？——我敢打賭你上過私立學校！」洛維爾先生說，試圖激怒我洩露資訊，正如格雷姆警告的那樣。

他對我做出敏銳的評估，雖然私立學校那部分是錯誤的，但我在很小的時候就記住了袖珍詞典。我上小學時的字彙量比長大後還要多。但聰明並不保證能交到朋友。我學到，和藹可親會讓人沒那麼討厭。我為自己能夠與任何人交談、幽默、有好人緣而感到自豪。但這個策略顯然對洛維爾先生不太管用。

「你有吸毒或酗酒問題嗎？」我問。

「我他媽的嗑一堆藥。我愛喝酒，在監獄裡我都喝胡奇（hooch）。」

我不知道胡奇是什麼，轉頭看格雷姆尋求說明。

「囚犯們會用橘子和果汁自行釀造私酒，叫做胡奇。如果獄警發現，他們會沒收並銷毀，」格雷姆解釋道。

「你連胡奇是什麼都不知道，醫生。」洛維爾先生轉向我。「這對你來說太難了啦。你別找我麻煩，我也不會找你麻煩，懂嗎？快點開普瑞巴林跟速百騰給我，我就可以走了。我們不需要在這些蠢問題上浪費彼此時間。」

他的語氣中明顯帶著威脅意味。

看了他的資料，我得知傑米．洛維爾已經三十八歲了。他目前被還押候審，之前已經入獄十多次。他從十三歲起開始吸食海洛因。他最近是每天吸食一百英鎊的海洛因和一百英鎊的快克。他還在週末連續抽大麻和吸食古柯鹼。他聲稱他從未注射過毒品，還說那是蠢蛋才會幹的事。他後來修改聲明並告訴我他有注射同化類固醇組合。

我看得出來傑米．洛維爾正在戒斷海洛因。他的雙手冒汗並且顫抖。他說他在過去二十四小時內吐了五六次，並說他有腹瀉。在警方拘留期間，他服用了煩靜錠和二氫可待因（dihydrocodeine），那是一種強效型鴉片類止痛藥，來幫助他戒斷。他聲稱每週要喝多達二百多瓶的酒，並說他早上起來第一件事就是先喝一杯再說。他形容比起毒品，他更想念酒精。

我逐一完成健康照護個案評估上的所有問題。

「除了毒品和酒精，你還有什麼身體上的問題嗎？」我問。

「我聽見腦中有聲音。」傑米指著他的額頭。

「那不是身體問題，是心理健康問題。」我說。

「但這是我的頭，我的腦袋是我身體的一部分，不是嗎？」他反駁。

「是的，你的頭是你身體的一部分，但思緒和感覺屬於心理健康範疇。」我解釋著。

「我受夠回答這些愚蠢的問題了。我進過監獄很多次，應該都寫在我的記錄裡。你為什麼又要問這些問題啦？」他提高音量。

他揮了揮手，又開始說起普瑞巴林。最後他說，有一位「腦子醫生」以前診斷他有妄想型精神分裂症或毒品誘發的精神病。他說他吸食海洛因是為了讓腦中的聲音安靜下來。

「我的確有黑暗的念頭。誰沒有呢？上次坐牢的時候，我把自己吊起來。我過量用藥，從過道跳下去，割傷我整條手臂。」傑米邊說邊比劃。他捲起袖子，讓格雷姆和我看他的傷疤。那些傷疤在他的刺青中閃閃發亮，就像他的話語中的侵略性一樣明顯。

格雷姆跟洛維爾先生解釋，他擔心他的心理健康，他曾經多次傷害自己和其他人。因此，我們需要開立一個ACCT照護計劃（評估、監禁照護和團隊合作計劃）確保監獄和健康照護單位能夠共同合作，保護他免於傷害自己。[94]他們會安排共同約談，觀察他的心理健康狀況以及他所需要的意見和照護程度。

「橘色檔案夾？那個ACCT狗屁東西？免談，我不要那些。我不需要有人每十五分鐘來問我還好嗎，我會瘋掉。」洛維爾先生大聲說。

他開始變得更加憤怒，並且提高了音量。他開始煩躁地撥弄我桌上的文件。如果我的辦公桌下有一個緊急按鈕，我會使用。我看不出這一切會有什麼好結果。

「我正試著幫助你，」我盡可能平靜地說。我還想補充一句，「你為什麼這麼難搞？」這個問題在我腦海中響起，這實在是太幼稚了，我自己都覺得丟臉。我很慶幸我的嘴巴太乾了，沒有說出這句話。

「不，你才不想幫助我。」他低吼著。「你們這些監獄醫生、護理師和警官都是一個樣。你只是想要展現權力。在外面你根本不敢正眼看我，在這裡你卻想要刁難我。你只是個卑鄙小人，我可以空手打死你。不要一副你是老大的樣子。我才是老大。沒有人可以命令我。」

他用手掌重重地拍了桌子。我跳了起來。洛維爾先生笑了。他自稱是文盲，但他對我卻瞭若指掌。他可以看出他嚇到我了，而且他樂在其中。

「我需要你提供一份尿液檢體，做毒理學檢驗。我會根據結果開藥給你。」我說，盡量不讓自己的聲音顫抖。在桌子底下，我的雙腿不停抖動，我的腳輕微並反複敲打地板。為什麼桌子底下沒有緊急按鈕？

「毒—理學？你為什麼要用很難的字？」他的語氣軟了下來，就像在跟一個孩子說話那樣。「我跟你說過了，我看不懂也不會寫字。真正的男人不會躲在字典後面。我很難尿出來，我的膀胱很害羞，所以我沒辦法給你尿液檢體。你只要給我速百騰跟普瑞巴林，我們就可以結束這一切。我們可以握手掰掰。」

洛維爾先生並沒有緩和下來。儘管我們已經盡了最大努力，他仍變得愈來愈咄咄逼人。他似乎在跟某種看不見的刺激互動。他正猛烈攻擊某個看不見的敵人，並生氣地叫它們全都閉嘴。我既擔心又不太相信這是真的。在我腦海中，我正列出他需要的服務：In-reach心理健康團隊、IDTS團隊、傾聽者、局內人和牧師。幾乎所有都包辦了。

「一旦我們有了毒理學——我指的是尿液——檢驗結果，如果顯示對海洛因這類的鴉片類藥物呈陽性，我可以讓你開始服用美沙酮，這是一種海洛因的替代品，這就是我們在這裡會開的海洛因戒斷藥。」我說。

「我不要美沙酮；那是毒蟲果汁，我才不是臭毒蟲。美沙酮很爛，會腐蝕你的牙齒還會侵入骨頭。那些聲音比海洛因更糟糕。要嘛你開給我速百騰，要嘛我就會在側翼樓買。你是在強迫我自我治療。」洛維爾先生說。

「洛維爾先生，重點是我們不能給你速百騰或普瑞巴林。答案就是不。」我堅定地說。

傑米猛然站起，大吼一聲，揮舞手臂掃過我的桌子，把所有東西都掃到地上。格雷姆抓著我，我們衝出診間。他按下走廊上的緊急警報器，診間內不斷傳來震耳欲聾地瘋狂怒吼。

格雷姆問我是否還好。暴力，儘管它一直在醞釀，但真正發生時還是令人震撼不已。隨著時間，我會漸漸習慣這些事。我們開始走離診間，沿著走廊走向主要等候室。我兩腿發軟，用跑的是不可能的。格雷姆似乎相對平靜——就彷彿他以前已經遇過上千次那樣。當然，他確實是。

「為什麼門診走廊上沒有駐守員警？」我問道。

「人力不足。」格雷姆平靜地說。

「那些監獄看守不會幫你的啦。」洛維爾先生邊說邊殺氣騰騰地走出診間。我咒罵自己沒有要求格雷姆把他鎖在裡面。

我們加快腳步撤退，但我被自己的腳絆倒。我現在終於明白為什麼恐怖片裡的受害者總是會摔倒了。

「你他媽的應該開普瑞巴林給我。」傑米大聲咆哮，他的臉因憤怒而扭曲。

「站著不准動。」有人從後面喊道。

我轉身看到一名女獄警沿著走廊朝我們跑來，身後跟著她的幾位同事。那個獄警彷彿凌空飛過，我的腦海裡浮現出電影《X戰警》中暴風女的畫面。那時，獄警們在我眼中宛如是超級英雄。一股巨大的解脫湧上心頭。洛維爾先生拳腳相向，警官們以技巧防衛。他們抓住他的手臂，把雙手扭轉到背後。一瞬之間，他被摔倒在地，終於不再掙扎。

這名女獄警的個頭差不多只有大塊頭洛維爾的一半，但她在幾分鐘內就把他制伏了，同時還笑著開玩笑。

「我是戒護主管戈茲，大家都叫我戈茲或戈莉。」她轉頭對我說。

她比我矮，但全身都是肌肉。她的銀灰色頭髮是兩側剃光，只留中間部分的莫霍克髮型。我注意到她肩章上的三道銀線階級標識。格雷姆已經解釋過，三條銀線表示負責監獄某個區域的戒護主管。兩條線代表負責每個牢房大樓的高階長官，一條線代表是側翼樓獄警。

「已經惹怒囚犯了啊，醫生？你是不是說了『不』那個觸發字？」戈茲問。

「是的，我說了。」我有點尷尬地承認。

「很好，我們需要有人設下界限。有太多醫生害怕囚犯，他們想要什麼藥就開什麼藥。如果你感到有危險，請隨時按下警報器，我們會立刻跑過來，雖然這也代表我們會有更多的控制和限制報告要寫啦，」她親切地說。她指了指我的衣服。「西裝很好看。我父親曾經是一名裁縫師。我真喜歡有人用心在穿著上。這看起來很復古，寬翻領、西裝褲、經典的咖啡色。」

「我現在連內褲都有搭配。」我說，並試圖微笑。

「哈！我喜歡你。以後在這裡我就是你的私人保鑣。」戈茲說。

海莉和行政人員從他們的辦公室走出來，問我們是否安好。

「我一見到你就知道你會是個麻煩。」海莉對我說，並主動提出要請我們喝加了糖的咖啡。

在洛維爾先生被轉移到隔離單位後，不到二十四個小時內，我第二度走進我的診間，查看毀損情況。他打碎了我的咖啡杯。現在我該如何「保持冷靜，繼續前進」（Keep Calm and Carry On）？格雷姆和海莉走進來，她遞給我那杯允諾過的含糖咖啡。

「我覺得挺順利的。」格雷姆貼心地說。

「這根本糟到不能再糟了。」我驚訝地說。

「噢，情況絕對有可能更糟。」格雷姆和海莉異口同聲地說。

「我們曾經有醫生被推、被揍、被摑巴掌、被吐口水。有一個人甚至被自己的鍵盤打中。」格雷姆說。

我原本以為他會笑著說他是開玩笑的，但他沒有，因為這一切都是真的。他在考驗我的決心。我會收拾行李要求他們開門讓我離開嗎？我仍不知道為什麼我沒有得出那個結論。可能是因為無論這種新的經歷多麼令人恐懼——也確實如此——但我經歷過更糟糕的挑戰。

為了讓自己分散注意力，我問格雷姆他為什麼會在這裡工作。

在七〇年代，他成長於西米德蘭茲郡的一個勞工階級地區。關於工作他只有三種主要選擇：要嘛在當地的鋼鐵工廠做事，要嘛從軍。他擁有生物學和歷史的普通教育高級證書，他還可以選擇成為一名物理治療師。然而，除了足球比賽中那些「拿著海棉的傢伙」之外，他完全不知道這是要幹什麼的。有人問他想不想成為男護理師。「有男護理師這種東西嗎？」他覺得很神奇。

在他的護理師面試中，他們問他想要成為什麼樣的護理師。他說「好的那一種」。於是他受了三年的訓練成為一名基礎護理師，在當時男護理師還很少見。作為一名護理長，他隨後在沙烏地阿拉伯的英國空軍基地工作，接著在英國航太公司工作。他在阿拉伯時遇到一個人，建議他去接受培訓成為一名心理健康護理師，而格雷姆一直在尋找新的挑戰。

「我花了三年時間完成心理健康培訓。」我們邊喝著熱飲邊聊天，隨著時間一分一秒流逝，我的雙手終於穩定下來。「然後我有一個朋友是獄警，他建議我到監獄做醫官，因為那比護理師的薪水還高。」

格雷姆曾在A類監獄工作過五年，當時還聞所未聞囚犯咒罵和大聲辱罵職員。而監獄官們對這些人更加「事必躬親」，也就是以暴制暴或所謂的「再教育」。監獄官員和醫護人員在工作中喝酒及抽菸。每個人都在午餐時間去酒吧混，回來值下午班時都很嗨。一點都沒有我們現在這種緊迫感及沒來由的恐慌。

格雷姆解釋，在那些日子裡，醫生就是上帝。沒有囚犯膽敢問醫生問題，否則他們會被獄警毆打。「在A類監獄，我們有過一位大名鼎鼎的囚犯叫查理。他曾試圖挾持一名醫生當人質。危機只持續了大約三秒鐘，因為一名獄警進來了，用棍棒打他的頭，直接把他打到失去意識。」格雷姆告訴我。

我差點被我的咖啡嗆到。

「現在他們得派出一支特別小組，」格雷姆繼續說，「勸告某人離開，因為這被稱之為『高空事件』。[95]Y醫生，我現在能跟你說的那些故事啊！那個時候是更簡單的時代。我當然不會說那是美好的舊時光。那些日子裡，絕對有一些穿制服的虐待狂可能躲掉謀殺，或幾近於謀殺的懲罰。我在另一所監獄工作時，有一名獄警的車被偷了。那天晚上，獄警們隨便找了一個犯有類似罪行的囚犯，把他揍得半死。我想他們刺穿了他的肝臟。當他們早上打開他的牢房時，發現他倒在一片血泊中，幾乎要失血過多而死。他們急忙把他送到外面的醫院，當醫院的醫生問他發生了什麼事時，戒送人員說他從樓梯上摔下來了。那些日子，有很多囚犯都曾經『從樓梯上摔下來』。」

我感到非常厭惡。在那所監獄裡工作的醫生怎麼可以對此視而不見？一個人差點死了。我問格雷姆關於這所監獄啟用時曾經在這裡工作的醫生。他們是什麼樣的人？格雷姆告訴我，一開始在這裡工作的兩位醫生「非常有特色」。N1醫生是一位非神職的傳教士。如果病患在他的診間待太久，格雷姆會敲門確認一下他還好嗎。N1醫生和囚犯一起跪下禱告並不稀奇。護理師告訴他要小心，或許在某些囚犯面前閉上眼睛並不是個好主意。他強調他只跟那些他認為會對主有反應的人一起祈禱。N1醫生不會給囚犯任何藥物治療。他相信主會照看他們。這不完全是囚犯的想法——他們認為和他一起祈禱並討好他，他們會以藥物的形式得到意外的幫助。未能如願時，他們會尖叫和咆哮如雷。但也是未能奏效。

N2醫生很懶惰。格雷姆有次走進診間正好撞見他，發現他正在聽診一名患者的胸腔，但他的耳朵裡並沒有聽診器的聽頭。N2醫生覺得這很好玩，笑得合不攏嘴。他的目標是做最低限度的工作，但並不是每次都有達到這個最低門檻。有時候，在他應該要看診的時候，卻被發現在辦公室的沙發床上睡覺。N1醫生和N2醫生離開後，來了一連串的醫生。格雷姆告訴我，有些人非常好，有些人絕對不是。

格雷姆的故事多采多姿，我簡直不敢相信它們發生在活生生的記憶中。這些情景現在已經大相徑庭了。醫生與病患之間的權力平衡不僅相等了，甚至還朝著相反的方向改變。訴訟的威脅不斷。病患辱罵我們根本是小事、甚至無關痛癢。具體而言，我們能為傑米·洛維爾先生做些什麼呢？

格雷姆解釋，我們可以完成一些獎勵和特權制度文件，這會造成洛維爾先生的P-NOMIS中出現不好的記錄。[96]但這不會有什麼太大的效果，因為洛維爾先生基本上已經處在一個沒有電視的狀態，而且大概整天都被關著。他還有什麼可失去的？標準和表現良好的囚犯的記錄中有更多的優點和正面評價，意思是表現良好的囚犯可以穿自己的衣服，花更多錢在郵購上。照這樣下去，傑米・洛維爾先生永遠無法為自己爭取到特權。他如何才能自新並為重回社會做好準備？我們可以做些什麼來阻止他一次又一次地重返監獄？填寫表單似乎不是解決方案，但我不知道該如何幫助洛維爾先生來改變他的人生。

第四章 終身囚犯

A先生是一名「終身囚犯」。他對我作了自我介紹，說他在監獄裡待了三十三年多，從未遇過他喜歡的醫生，他並不指望我會有什麼不同，我試著不把這些話放在心上。他跟我沒有任何眼神接觸，在座位上不停動來動去，好像隨時要離開似的。他告訴我，他沒時間浪費在跟我說話上。他很冷，想回到自己的牢房，裹上他的毯子。他抱怨著，他的手和腳都冷到發麻，呈冰藍色了。我深感同情。我穿著外套、帽子和圍巾在進行諮詢。

英國的夏令時節於三月的最後一個星期日正式展開，為了響應，儘管下著大雪，典獄長還是關閉了監獄暖氣系統。我在打字時感覺不到手指。我告訴主管們，這樣的情況是行不通的——我注意到他們有一些人的桌子底下有電暖器。我得知他們已經把這些擔憂轉達給典獄長了，得到的回覆是，直到十月的最後一個星期日冬令時節開始之前，暖氣是不會再度開啟的。典獄長宣佈工作場所的最低溫度為攝氏十六度，而我們目前是十八度。[97]由於沒有溫度計，我懷疑這個資訊的真實性——外面正在下雪，堅厚的牆壁和混凝土地板代表著體感溫度要冷得多。

「我在我那一區的洗衣間工作，所有的人都在求我給他們多的毯子，每個人都穿著一層又一層的衣服，躲在被子裡。」A先生用他很重的約克郡口音說。

A先生瘦到令人不忍卒睹，他只要一有機會就會量體重。在獄中使用體重機是有限制的，因為，就像任何重物一樣，它可以被當成武器使用。在任何側翼樓區域都沒有置放體重機，因此A先生只好勉為其難地定期去預約看診以測量體重，如果患者體重過輕，我們會每天給他們兩罐能量飲，每十四天在診間稱重一次，並且每隔幾個月觀測他們的血液檢查，以確保沒有任何器官受損，A先生被安排到我的門診討論他的腎功能和肝功能結果異常。

「你說的每一件事都是我已經知道的。」他說，我看了他最新的血液檢查結果並試圖解釋數值的含義，他看起來百無聊賴，完全沒興趣知道，盯著窗外看。他沒有牙齒，也沒有戴假牙，他的嘴唇緊抿著像一個結。

「我可以問你一個問題嗎？」我問A先生。

「隨你便。」他說，我想我有看到他吐出的氣映在玻璃窗上。

「什麼是終身監禁？」我懷著真摯地好奇這麼問。

他終於跟我四目相交了。他可以看出我正努力了解他的情況。他在椅子上慢慢轉身面向我，然後開始說話。

「我被判處強制性無期徒刑和最低刑期十二年。[98]意思就是我必須在監獄服刑滿十二年，之後我必須每二年去一次假釋委員會接受審查，看是否符合釋放資格。假釋委員會裡會有三個穿西裝的人面試你，他們查看你的監獄記錄，查看你在過去二年間所做的一切事情。他們會說我必須參加這個或那個課程來證明我已經改過自新。他們會念出我檔案中的每一條不良記錄，這讓我覺得糟透了。在某個日期，你叫一個獄警去吃屎吧和一堆有的沒有的廢話。我承認我說過那些話。但起口角的內容具體是什麼——他們從未提到這一點。也許那個獄警是個混蛋，需要有人叫他滾一邊去？」

「假釋委員會告訴我，在二年後的下一次假釋委員會面試之前，我必須參加憤怒管理課程並表現良好行為。但我在各個監獄裡被移來移去，他們甚至沒有安排課程，我被移來移去但沒有任何進展——這很絕望。不知不覺，我已經在前十二年的生命中浪費掉九年。去這些假釋委員會被駁回並再增加二年……然後所有那些心理學廢話都是從百分之九十六或九十八的人會回答的問題開始。心理學家想研究你的人生，看看是哪裡出了錯。他們想知道我是不是有出生創傷——我說你最好去問我媽，但她已經掛了。這只是一連串的打勾練習。我放棄。我拒絕參加任何課程。我意識到我必須長期參與。我不是模範囚犯；我有大把時間都在隔離單位。我不善與人相處。我有反社會人格。我覺得大多數人都是狗屎。」他說。

「天啊，」我說。

「似乎沒有人知道他們在做什麼。就像外面下著暴風雪時關掉他媽的暖氣一樣。他們把人們的生活搞得一團糟，卻一點都不在乎，因為對他們來說，我們都是垃圾。像我這樣的終身監禁囚犯就只能游過我們的刑期，每隔幾年去一次假釋委員會，然後被駁回。我不覺得我出得去。我甚至不知道我是否想要出去。」他最後這麼說。

他在我面前揮舞著他瘦骨嶙峋的手。這個人體脂肪極低，隨時有發生低溫休克的危險，他的重要器官會衰竭，然後他會死。我們需要讓他暖和起來。

「你在監獄裡待的時間幾乎和我活著的時間一樣長，」我邊說邊開始做事。

「對，我進來時是三十二歲，現在我六十五歲了。我做的只是割了一個雜種的臉。那是一個搞砸的星期五晚上，我們起了爭執，為了擺脫他，我只能開始刺他，否則他會傷害我。他們後來的說法好像我是個殺人犯，但那是個意外，我一定是滑倒了，壓到他的心臟，然後我殺了他。我不是有意這麼做的。我從八歲起就流落街頭。我媽在我六歲時死了，我必須照顧我妹妹。我們在親戚那邊待了幾年，但他們還得養活自己，不能一直照顧我們。我身上總是帶著刀。我就只是個搞砸的孩子，現在我是個搞砸的大人，這樣你懂嗎？」A先生說。

「有什麼我可以幫你的嗎？」我難過地問道。或許他從我的聲音中聽出來了。他再次看著我。

「我想要一副新的假牙，我把我的假牙留在前一個監獄裡了。我在沒有事先告知的情況下接獲通知要離開，有一半的東西都留在那裡。我不能好好吃東西。我也沒什麼胃口——他們說這是厭食症。那根本是胡扯。我不想變成一個肥胖的混蛋，但我的體重是我人生中唯一可以控制的東西。除此之外，沒有什麼是你可以幫我的了。」他說。

「我會把你安排進牙醫的優先等候名單上。」我說。

「好吧，那我先走了。如果我回去發現他們把所有的毯子都搶走了，沒有人會感謝我的。」他說，並且在我還沒來得及問完診前就這麼突然離開診間，我甚至還沒為他做適當的檢查。我在他身後呼喚，但他早已走遠。

監獄彷彿是一個佔據了時間和空間的黑洞，裡頭盡是扭曲偏斜。我只不過在這裡工作了幾個星期，感覺彷彿已經過了好多年，我能理解為什麼囚犯會說有時候幾秒鐘感覺像幾小時，幾小時又像過了幾星期。還有很多我還不知道的事。但我知道，一旦我獲准擁有鑰匙，我就不會再有伴護人陪同了。我的試用期即將結果，接下來我會單獨與我的患者共處。我的伴護人通常是格雷姆，但今天是醫療助理克莉斯汀。她時刻都很開朗，人們都很尊重她。由於她身材嬌小，每個人都叫她「小克莉斯」，她聰明、機智和善良。A先生離開後，我滿臉震驚地看向克莉斯，舉起麻木的雙手。

「他已經在監獄裡待了三十三年！」我說。

「手機，網路……他已經完全與世隔絕了。難怪他不確定自己是否想出去。」她說，她的手在外套裡微微顫抖。我注意到她外套上方口袋裡電子菸的喀嚓聲。

「抽菸會阻礙妳的成長。」我說，試圖緩和情緒。

「你怎麼現在才講咧！」她假裝驚訝地回答，並報以微笑。

我早上看診的所有患者都在抱怨感冒。診所的缺席率很高；有時候只有百分五十的預約患者出現。有些人沒出現是因為獄警需要放他們出來，然後護送他們到門診部。如果沒有足夠的人力，就不能自由活動，所有的囚犯都得被關起來。病患可能沒有收到他們的醫療預約單——這些是由值得信賴的囚犯遞送的，但還是常常被送錯地方。有時病患拒絕出席，因為他們想利用在牢房外的有限時間打電話給親人、洗澡或與朋友交際。有時，就像今天，天氣實在太冷，要讓他們離開溫暖的床是不可能的，或者他們因為床太難睡或有人在側翼樓痛苦尖叫一整晚，在一夜無眠後而睡過頭。單單一個囚犯就可以破壞整個側翼樓，讓所有的人在第二天都變得煩躁和疲倦不已。難怪醫生接到的最常見要求之一就是安眠藥。

我決定，如果我的病患不能來見我，那麼我就去側翼樓見他們。克莉斯知道我要去側翼樓會比她還要緊張。在監獄工作之前，她一直掙扎於自己的自信心。與囚犯打交道以及與在這裡多年的冷硬工作人員共事教會了她更堅定自信，否則是無法生存下去的。我希望我也能感染到這一點。

克莉斯的職責之一是引導招募囚犯，這些囚犯要完成一項鑑定合格的健康促進課程並成為

「健康好手」。他們接受培訓，可以對其他囚犯進行簡單的健康檢查。每個月都有一個新的健康促進主題，像是睪丸檢查或認識攝護腺癌，他們會分發病患資訊傳單。如果囚犯有任何疑慮，他們可以與健康好手討論，後者會反饋給克莉斯。這是一個非常成功的制度。[99]囚犯都非常願意與健康好手和克莉斯交流。在招募和培訓其他人之前，每位健康好手都會任職六個月。等候名單上有大量的人想擔任這個職務。他們很享受牢房外的責任及更多額外的時間。

克莉斯和我走到其中一個囚室區域，我的心頓時一沉。我看到一群囚犯擠在一起取暖，並注意到傑米．洛維爾和他們站在一起。我環顧四周，看看過道上是否有獄警，以防他試圖攻擊我們。他想必是看到我了，大步朝我們走來，從我身旁掠過，直接站在克莉斯面前。

「小姐，妳是泰……？」傑米一臉天真地問。

「你是指『太迷你』嗎？不是的，老兄，我只是矮。」她迅速回應。

「小姐，妳又冷淡又憂鬱，妳看起來好像一個可愛的藍色小精靈。」傑米說，不肯善罷干休。

「謝謝你的讚美，傑米，只有五英尺高確實有它的優勢。不管是讚美還是羞辱我都不會記得。」她停頓了一下。就連傑米．洛維爾也不得不微笑。

「我是來問你是否願意成為健康好手。」克莉斯繼續說。

這倒是個新鮮事，我以為她在開玩笑，想法或許都寫在臉上了，但傑米也覺得這是個玩笑。克莉斯解釋了這個職務。傑米似乎很感興趣，尤其是當他聽到他可以參加額外的健康課程時。不過，當他得知有筆試時，他顯得非常失望。

「我不識字，」他小聲地說。他在我診間裡對於他是文盲的虛張聲勢已不復存在。

「我們可以解決這個問題。我會聯繫夏儂信託監獄掃盲慈善機構。[100]他們是一群優秀的志工，他們教囚犯學習閱讀。」克莉斯說。

「我老到沒辦法學任何新東西了。」他說。

「你才三十八歲！試試看夏儂信託吧。我會請他們來見你。我覺得你一定可以勝任健康促進這個職位的。」克莉斯鼓勵他。連我自己都開始相信了。

當我們離開時，我留意到R先生，那個洗錢的會計師——他現在是眾所周知的名人——站在他的牢房門外。他穿著監獄T恤瑟瑟發抖，我注意到他的眼睛有瘀青。我問他發生了什麼事，他退回到牢房，讓我們尾隨在他身後。我們一走進去，他就崩潰了，解釋著他被霸凌了。有一夥人發現他很有錢，逼他以郵購買東西的方式付給他們保護費。他的妻子把錢轉進他的監獄帳戶，然後他會用這些錢來購買惡霸們想要的任何東西。

監獄黑市和收取保護費的運作體系稱之為雙倍泡泡。[101]如果某人第一天欠了一英鎊，那麼第二天就是二英鎊，第三天就是四英鎊，到了第七天就是六十四英鎊。如果債務無法償清，可能會上升至數千英鎊。R先生正處於一個非常棘手的情況。

我和克莉斯走過的大多數牢房裡都堆滿了鮪魚罐頭和泡麵，那似乎是人們賴以生存的東西。

R先生的牢房不僅非常寒冷，而是已經被拆光了；他的床墊、毯子、水壺和電視都不見了。他現在唯一擁有的個人物品是一張他妻子和孩子的照片，放在光禿禿的床邊。克莉斯和我告訴他，他應該要向長官報告他受到的虐待，但他拒絕這麼做。他要我們保證絕不告訴任何人。我不知道我該如何幫助他。

「告密者難逃懲罰。」他輕聲說，渾身顫抖。是恐懼還是寒冷？無從得知。

絕對不要談論霸凌是監獄常見的不成文規定。告密可能會遭致嚴重後果，包括更可怕的欺凌行為升級。移到另一個囚室區域也無濟於事，因為很快就會被貼上告密者的標籤。告密者會被進一步孤立和鎖定。R先生還受到威脅，說霸凌的人在外頭有聯繫人，可能會傷害他的家人。正當我拚命思考我能為他做些什麼時，克莉斯有了一個主意。

「看來我們找到新任的健康好手了！」她說。「這會讓你離開側翼樓。你見過其他健康好手的身材嗎？你將成為團隊中的一員，他們會照顧你。」

當我們走開時，克莉斯解釋了為什麼她也想招募傑米．洛維爾。她認識他很多年了。他是她所謂「迴力鏢囚犯」的一員，他們總是進進出出監獄。她想藉由給傑米一個信任的職務來打破不良行為的循環。他需要有成長的空間，否則他會停滯不前。傑米和許多監獄裡的囚犯一樣，最大的敵人是他自己。

「在這同時，我們可以讓R先生脫離困境。監獄裡容不下高檔人。」克莉斯說。

我知道根據幾次看似棘手的衝突來評斷傑米・洛維爾是不對的。我沒有去了解他拳頭上的刺青。我認為他是個毒品成癮的野蠻人，達不到目的時就訴諸暴力，但我並沒有想過埋藏在內心深處的是什麼。我知道這些人對健康照護有著怨恨，因為他們只有在出現問題時去看醫生或護理師，他們早已積壓了許多挫敗感，而得到的答案往往是「不」。主要問題是他們覺得自己被遺忘了。當然，也有一些人總是在抱怨，你永遠無法滿足他們。克莉斯對他們坦誠相待，鼓勵他們承擔責任。他們在生活中需要一些主導權，而她試圖賦予他們權力。他們不會永遠被關在監獄裡，他們需要有能力照顧好自己。在監獄裡，你很容易習慣讓別人為你解決一切問題。這些人被制度化了。無能為力。有些人對克莉斯大聲嚷嚷，要求她為他們做盡一切。他們會說這是她的責任，而她會說這是他們自己的責任。

克莉斯告訴我：「我可能有忍住過一兩次。所有在這裡的人都很沮喪挫敗。我們每個人都在所難免，但至少我們還可以回家、點外送、看電視、放鬆——這些他們都做不到。在這裡工作是個正向經驗，徹底改變我的人生觀，讓我成為一個更好的人。我想我會永遠留在這裡。」

我不知道如果自己像克莉斯那樣在此工作多年，是否會有同樣感受。我也會成為終身監禁者嗎？我會從中得到正面影響嗎？洛維爾先生和我會繼續這樣互相迴避嗎？我的家人很擔心我的安危。然而，他們也注意到我變得有自信了。與自由被剝奪的人關在一起使我前所未有地更加珍視自己的自由。如果覺得冷，我可以隨時打開家裡的暖氣；如果覺得熱，我可以打開窗戶。我有了這點認知。

在我見完A先生的那天，我寫了一封電子郵件給典獄長，信件裡是關於工作場所最低溫度的健康與安全指南，[102]以及囚室溫度的行為準則。[103]我說明我見到一名體溫過低的先生，還有許多像他一樣的病患在側翼樓裡。這些人很可能會受到長期傷害，包括凍瘡，這會讓監獄易受到訴訟影響。我的電子郵件沒有得到正式回覆，但那天稍晚，暖氣開始運轉。這感覺就像是一場明智和人性的勝利；我取得了一些成就。當你獲得勝利時，重要的是要為勝利喝采。

直到我要下班時我才發現我的圍巾不見了。我若不是把它放在診間裡，就是放在側翼樓裡，現在圍巾不見了。我跟克莉斯說，那條圍巾是一份生日禮物，她答應會請健康好手幫我找找看。她說我隔天早上就會看到它放在我的桌子上了，而我的圍巾從未被尋獲，克莉斯非但沒有為她找不到圍巾而道歉，反而念了我。

「誰會想到監獄裡會有小偷啊！」她說。

罪犯健康照護處於初級照護、醫療照護、心理健康及藥物濫用之間的灰色地帶。這是一個非常難以預測的領域。即使我幫助了某個人，像是A先生，之後若我在囚室區域和他打招呼時，他也可能會對我嚷嚷或完全無視我。有人可能會表現出感激之情，但仍會試圖掏我的口袋或拿走我脖子上的圍巾——或者，最糟糕的情況是，試圖勒成死結。我們曾經有職員被用自己的圍巾及項鍊勒死。在這個環境下，投訴和法律訴訟的威脅司空見慣，而受到讚揚卻是少之又少，於是多年前的那張「感謝卡」仍像幸運的四葉草一樣釘在公佈欄上。

就算我竭盡全力幫助某個人，他們也可能會傳喚我的名字，說我們法庭見。在我初到監獄工作時，我對於頻繁的訴訟威脅感到不安。我和其他醫生討論這件事。他們說這只是工作的一部分。通常威脅只是空話，但有時候威脅來自於那些時間太多並能夠接觸到「不勝訴不收費」專打醫療疏失的律師的人。在監獄工作的前幾個星期，我天天打電話給我的醫療責任保險員。我覺得我必須盡一切可能保護自己，因為我還在適應新環境。

監獄裡的其他醫生也都盡其所能地改善情況。有個人寄郵件給上層主管並附件給我們所有人。其他醫生們以此作為契機呼籲改善工作條件。他們問我們為什麼沒有召開任何全科會議來表達我們關切的事項。這些會議是社區醫療診所的基本工作，通常由醫療主管安排——這是我們在監獄裡沒有的，因此也解釋了某部分的缺失。醫生們還問我們為什麼沒有召開重要事件會議正式討論這些經常發生的威脅情況。他們最近參加了一次監獄健康照護會議，得知一些監獄在事件發生當天會召開一次重要事件會議，然後在三天內採取進一步行動。這個作法促使死亡和未遂事故的人數減少；很簡單，人們從錯誤中汲取教訓。醫生們指出，我們監獄工作人員士氣低落，一線人員心聲沒有得到傾聽。這些都是很好的觀點。

此外，醫生們還標記了一張缺少設備的明細，門診部需要補貨。其中一間診間沒有印表機或電話，有一間需要一張沙發，一間裡面是一把壞掉的椅子，我們把廁所當報到診間使用。VP門診沒有或許可說是最重要的設備——緊急警報器。明細不勝枚舉，但沒有一個公開討論的場所可以表達我們的關切並確定我們的訴求有被聽到。

管理者對此表示同情，郵件也得到合理的回覆，表示已經制定了改善醫療基礎設施的計劃。但是寄出第一封電子郵件的醫生還是心有疑慮，幾週後她就離開了。再過二週，另一位醫生也離開了。顯然，以這種速度流失員工並不理想。包括A醫生和S醫生在內，在十二個月裡，有六名醫生離開了監獄。我才剛開始也想離開了，嚇到我的並不是病患，而是健康照護系統資源的混亂。

兩名醫生必須一直在現場應對工作量。但是，當常駐醫生相繼離開而我們找不到臨時代班或急診醫生來填補空缺時，我常常是現場唯一的醫生。很難找到願意來監獄工作的代班醫生，因為儘管有額外的威脅存在，得到的報酬卻與在社區擔任代班醫生相差無幾。一些前來支援的代班醫生非常優秀，但大多數人顯然對這個艱困的環境感到不安，不會再回來了。有些醫生，不管是常駐醫生還是臨時醫生，都沒有任何緊迫感，這代表其他人不得不加倍努力來應付患者和工作沒完沒了的翻騰。壓力和焦慮大到無法想像，而且幾乎沒有休息時間，因為總有一連串的問題需要處理。我來上班時會發現桌子上放有舊的心電圖，這些心電圖顯示出明顯的異常。有沒有對患者進行複檢？他還活著嗎？有時我覺得自己忙得像隻無頭蒼蠅。如果我離開了，誰來照顧我的病人？

作為一個團隊，醫生們要求對值班醫生任務制度進行審查。大多數任務都是在患者用完藥之後由護理師來執行的。當我們從一個緊急情況趕到另一個緊急情況時，每天經常會出現上百起的值班醫生任務。隨著囚犯用完藥以及下次領藥之間的時間間隔拉長，每一次的緊急狀況可能就代表著錯失服藥時機。這是個臨床問題，因為藥物往往十分關鍵，像是癲癇藥物。如果星期五晚上有未完成的任務，可能要等到星期一早上才能開藥。這意味著醫療上的重大斷裂，並可能導致病患及其周圍的人受到傷害。

要完成值班醫生任務可能需要一整天——一個任務完成後，另一個任務隨之而來。除了值班醫生的任務外，還有血液檢查結果、心電圖和郵件需要處理。每次當我像攀登一座高山般地完成任務並感到自己有所進展時，抬頭又看見另一座山峰。我在休息時間工作，開始每天熬夜幾個小時。有位醫生插手並建議我不要這麼做。「我們長期以來都人手不足，這是管理上的問題。如果你出於善意介入並做額外的無償工作，這麼做只是在掩蓋問題！」他說。

不論有沒有額外時間，我們整天都忙著看病人。每隔幾分鐘，我的螢幕上就會彈出一個新的值班醫生任務視窗。這是我不知該如何關閉的干擾。當我正在問診病患時，這讓我分心。

問題？一個標記為「雜項」的新任務到來。您想轉到任務列表視窗嗎？這個人有皮膚乾燥問題，請開乳液。任務標記為紅旗緊急要求。

乳液是緊急要求？我很納悶。

「妳知道怎麼關閉這些跳出的視窗嗎？」我問克莉斯。「幾乎每隔幾分鐘就有一個新的。其中有些甚至一點都不急。」

「護理師會標記為緊急任務送出，否則根本不會有人看。如果你忽略它們，最終可能會為此付出代價，」她說。

「你的意思是有人會付錢讓我受傷？」我驚恐地問。

「對呦，我正要開始收錢了，」她笑著說，我也緊張地笑了。

當囚犯覺得自己的需求得不到滿足時，他們會大聲威脅和辱罵，這種情況很常見。囚犯只因拿不到可以從網購買到的乳液而攻擊醫生，我覺得這一點都不扯。這是個多麼奇怪的世界。

我正從一個暫時的危機衝刺到另一個。我不斷尋求針對健康照護和服務提供進行長遠的改進。我協助建立每週一次的全科多專科團隊治療（Multi-Disciplinary Team，MDT）會議，在會議上與資深護理師討論最複雜的初級照護患者，並製定持續照護他們的計劃。我還致力於改善不同團隊之間的溝通，並與精神科醫生和心理健康團隊建立起良好工作關係。我從混亂中勉強找到一些秩序，但仍在自我學習。我必須詢問行政部門、資深護理師、藥局職員的意見。「當……我該怎麼做？」「我如何……？」「你可以告訴我那個……？」我有很多問題。巴蒂和納迪姆是資深藥技士，由於監獄裡沒有藥師，他們的存在非常重要。巴蒂在監獄工作了十年，但納迪姆只比我早來一些。

納迪姆打從十幾歲起就開始在一家社區藥局打工，做假日兼職。這資助他完成法律學位，但他發現如果沒有人脈取得律師事務所培訓職位，很難在法律界有所斬獲。於是他取得資格成為一名藥技士，出於好奇和家庭生計開始在監獄工作。在這些人之間，巴蒂和納迪姆教了我非常多關於如何開監獄處方的知識。首先，我寫的每一筆處方箋似乎都有問題。巴蒂在我面前揮舞著這些有問題的品項，並興奮地在這些處方箋上打下綠色的大叉。

「Y醫生，你在做什麼？你需要再更小心一點，」巴蒂善意地警告我。「罪犯健康照護就像蛇梯棋遊戲，如果你犯了一個錯誤而有人死了，那麼你就得去死因裁判法庭，那比溜滑梯還快。那是比死還要慘的命運——律師們會把你撕成碎片！」

納迪姆的方式比較溫和，他會問我是否打算開雙倍劑量的藥物——他會在患者受到傷害之前先攔截處方。有太多東西要學了，彷彿又回到了醫學院。回想當時，在期末考試前的幾個月裡，我把自己關在房裡，拚命念書。狀況不好的日子，我只念八小時書；狀況好的日子，我可以念個十二、十四或十六小時。我牆上的計劃表周密標註了每一次的休息時間。我從未在浴室裡待超過十分鐘，我在書桌前吃飯。

現在我在監獄服務部門工作，我本來就喜歡學習並發現罪犯健康照護很有趣，所以這不成問題。問題是我需要學得更快，我為自己安排了藥物濫用和法醫學課程，並念了犯罪學。我學到包括鈍挫傷和銳器傷在內的傷害記錄，並一直努力提升我的實務和健康照護的一般標準。我從巴蒂和納迪姆那裡學到了開處方的注意事項，我列下記錄，寫在日記中以便快速參考。

1. 在監獄裡禁止開任何藥粉，它們可以當作武器，吹進工作人員的眼睛裡。有些粉末可以製成爆裂物。
2. 禁止玻璃瓶裝的藥物——可以當武器。
3. 禁止氣溶膠或噴劑藥物——可製成爆裂物或噴火器。
4. 禁止使用含有薄荷的肌肉鎮痛乳膠——會掩蓋毒品味並混淆嗅探犬。
5. 禁止漱口水——漱口水會破壞牙膏的效果，只有當療程很短時，牙醫才會開藥。
6. 禁止煤焦油洗髮精——囚犯會放在紙上烘乾並吸食。
7. 不要開長期療程的安眠藥，囚犯最多只能領到三天份，否則他們可能會成癮。
8. 開藥前重複檢查所有藥物。檢查囚犯目前使用的其他藥物，否則可能出現藥物相斥。如果這些人可以告醫療單位，他們一定會。

9. 除非囚犯身體質量指數低於十八，否則不要開營養補充劑。這些傢伙大多數都很高壯，他們想要更多的蛋白質來增加肌肉。
10. 除非囚犯已進行藥物持有風險評估，否則不要開立任何「持有」（In Possession）藥物，要確認如果允許在牢房裡使用藥物，他們不會用藥過量。
11. 不要開持有營養補充品，這樣一來他們就可以帶回牢房。大塊頭會因此霸凌小個子。體重過輕的囚犯必須一日兩次到藥局窗口報到，並在他們服用補充品時在一旁監督。
12. 一旦病患開始ACCT照護計劃並更改為「非持有」（NIP），就必須停止藥物持有治療。如果你在ACCT照護計劃中給某人開立持有藥物，若他們死於服藥過量，你就要前往死因裁判法庭。如有任何疑問——就問人。
13. 如果你想長期在罪犯健康照護單位工作，請避開死因裁判法庭。

第五章　團隊合作

醫療諮詢僅是兩人之間的對話。理論上，它可能是世界上最簡單的事。然而，有些諮詢比其他更困難。醫生的角色是運用他們多年的培訓和專業知識為患者提供有關治療方案的建議。建議，不是告知。醫生告訴病人該做什麼的日子早已不復存在。我們的診間已經重新整頓，藉以反映舊權力機制的結束。我們不再從辦公桌的另一邊俯視我們的患者。這被視為治療關係建立的阻礙。[104]桌子被推靠到牆邊，我和我的患者坐在桌子的同一側。

在監獄裡有一些保護我們人身安全的預防措施，例如：進診間時永遠不要走在囚犯前面，永遠不要背對著他們，並始終確保我們坐在離出口最近的地方——以防隨時要衝出去。這是為了防止我們被攻擊後腦勺、被勒死或被扣為人質——所有這些都曾發生在職員身上。我選擇不去知道任何人因什麼原因而入獄——他們可能是大屠殺兇手，或者是無照駕駛。當我和他們在診間裡交談時，我盡量避免盯著顯示他們資料的電腦螢幕。眼神交流真的很重要。我希望我的患者感到他們能夠發表意見並受到重視。四到五年的醫學院學習、兩年的醫院基礎訓練和三年的全科醫生培訓，讓我學到肢體語言的重要性，我特別留意不要交叉雙臂和雙腿來表現出接納性。

每次諮詢的開始都是為了讓患者探索他們的想法、擔憂和期望。我們盡量使用通俗易懂的語言，解釋每個醫學術語。複雜的情況簡化成基本原理，我們從中解釋身體如何運作以及為什麼有時不運作。「病人」這個詞本身，其拉丁語源自於承受的意思，有時也以服務使用者、與會者或客戶取而代之。然而，有些病人更願意保留原用語，覺得客戶或服務使用者聽起來有點商業化。這一切的核心——醫患關係仍然是神聖不可侵犯的。除非我被告知將有犯罪行為要發生而我必須進行保護性轉介，否則我不能打破保密原則。

快速提一下，監獄術語也有了轉變。囚犯有時稱為犯人或拘留者。他們絕對不會被稱為罪犯、罪人、囚徒、囚鳥、重罪犯、暴徒、卑鄙小人或慣犯。根據協定，囚犯應該被稱其姓氏，後面接先生或小姐。但有些囚犯只有在叫他們綽號時才會有所回應，像是瘋狗——這需要一點時間來適應。職員不可在囚犯面前稱呼他們的名字，以免導致不適恰的輕鬆隨性。職員和囚犯總是稱我為Y醫生。獄警一詞比獄卒、警衛和看守更受歡迎。囚犯通常稱男性官員為老大、長官或先生，而對所有女性官員則稱呼她們的姓氏，後面接小姐或女士。俚語的獄吏（turnkey）或螺絲（screw）通常只有心懷不滿的囚犯作為侮辱時會這麼叫——這代表螺絲這個詞仍經常使用。

溝通方式對於醫生的協助診斷是極其重要的。我們試圖越過談話本身的內容，找到沒有說出口的線索。未說的內容或傳達資訊的方式有時候比話語本身更能提供訊息。當務之急是讓人們感到被傾聽，並證明他們的擔憂很重要。一個簡單的事實是：許多囚犯缺乏基礎教育，[105]如果我們放著不理，溝通方式之間的差異可能會成為絆腳石。我不得不學習更多的俚語，並接受有些囚犯因為詞窮，每隔幾個字就咒罵連篇。拘謹和一絲不苟不會帶來任何好處。他們應該得到我全然的關注，光是因為他們在牢房外的寶貴時間裡，即所謂「團體時間」，他們優先選擇來見我。

囚犯試圖表達自己的挫敗感會表現在他們揮舞手臂時提高的音量或誇張的肢體語言中。將這種行為稱為具攻擊性是不公平的；沒有真正的人身威脅。關鍵是運用緩和衝突技巧，例如，積極傾聽並讓他們發洩情緒。[106]諮詢會診永遠不該變成好鬥或回擊的，我們想要的是避免爭吵的協調——我們對治療過程達成一致。這種共識並不總是可行，而通常囚犯對監獄醫療照護，尤其是監獄醫生感到不滿。

在監獄中，避不可免地，我們有時必須與蓄意恐嚇的人打交道。難搞的患者往往有著艱難的人生，[107]他們學會用挑釁來應對挑戰。這表示整個諮詢過程中可能會有人衝進我的診間，敲打桌子，對我大吼大叫或威脅使用暴力。再多的點頭和同理的聲音，那些認真傾聽的「嗯嗯」和「嗯啊」也無法安撫那些一直叫我蠢蛋的人。

儘管面臨所有這些挑戰，我還是以即便是最憤怒的病患也能夠安撫而聞名。我認為這是因為我聽多過於說。我想從患者的角度觀看，想像一下如果我是他們的話會有什麼感覺。或許還因為，我不同於許多醫生同事，我來自工人階級背景，而我的許多患者都是我可以想像住在我成長街區上的人。我們在伯明罕斯帕克希爾地區的一些鄰居在家中販賣毒品，進出監獄，這是眾所皆知的事。有一次，我姐姐莎哈迪不小心把車鑰匙鎖在車裡，於是向我們的一位鄰居求助。他非常好心地在幾分鐘內打開她的車，而且沒有刮傷任何烤漆。之於我，這些只是普通人，他們有自己的願望、挑戰，有時還有獨特的技能。

在我的診間裡，仔細的諮詢和同理是基本的，但要讓囚犯滿意仍很困難，因為在開某些藥物時，罪犯健康照護往往比社區醫療業務更嚴格。許多外面買得到的藥在監獄裡都是禁止的，通常是因為它們可以被當作武器或在監獄黑市交易。巴蒂和納迪姆總是小心翼翼地檢查醫生的處方，以確保不法分子不會有機可乘。比布洛芬（ibuprofen）和乙醯胺酚（paracetamol）藥效更強的藥物要謹慎使用。這令監獄全科醫生處於兩難的處境，必須說明病人是要戒癮或慢慢減量和停止服藥。在做出這個決定之前，多專科團隊（MDT）會召開會議討論每個案例。這些會議涵蓋來自不同專業的專家，只有在達成共識的情況下才會做出決定。

會議決定一位名叫V先生的囚犯是個複雜的案例，需要MDT治療。V先生在最後一刻從另一個地點移轉過來的這件事，是我們今天早上的第一要務。當我上班時，我的辦公桌上有著他緊急轉診的影印資料。通常當有人被轉診到外部醫院時，醫療部門應該將那人置於「醫療拘留」

狀態，以防止他們被轉移到另一所監獄。如果某人有即將看診的預約，將其轉移到另一所監獄是不尋常的，但它確實發生了。我還留意到有一個急救代碼——據稱，V先生今天早上在移監時癲癇發作，然而他依然被送到我們這裡，這是非常可疑的。這顯然是一次不恰當的移轉[108]——看起來像是他之前的監獄正試圖擺脫他。為什麼？

我跟我們的醫療單位負責人談過，並建議他們應該將V先生轉回他之前的監獄，這樣他才不會錯過預約。幾個小時後，我得知送來的監獄方拒絕接他回去。我打了多次電話給另一所監獄，但他們的醫療單位負責人和醫生都沒空與我交談。他們的電話無人接聽，我的電子郵件無人回應。一些護理師說我們被「陷害」了，就像一個非常爛的愚人節玩笑。他們猜測V先生是個難纏的病人。他必須留在我們這裡，於是我們著手制定照護計劃。

我在格雷姆的陪同下，到V先生的牢房裡見他。V先生低聲說著他在藥物濫用史中長期康復的歷程。他五十歲了，但看起來比實際年齡還老，虛弱且悲傷。他說他已經超過十二個月沒有吸食海洛因了，我為此恭喜他。他戴著墨鏡，我看不到他的眼睛。他說戴墨鏡是因為他是盲人，還有聽力障礙。然後是難以控制的癲癇，這是由於頭部多次受傷造成的創傷後遺症。他還說他的脊椎因被毆打而嚴重受損，若沒有兩根拐杖幾乎無法行走，因此他時常跌倒。但是他的拐杖被報到處的監獄官員沒收了，因為他的移監資料上記錄他曾把拐杖當作武器使用。護理師從倉庫為他找到一輛破舊的輪椅。他對此很滿意。V先生談吐應對得宜，我覺得他是個友善的人，只是吃盡了苦頭。V先生告訴我，他正在等待假釋聽證會，預計很快就能獲釋。我算了算他進過監獄二十次。我無法想像這個在我面前坐在輪椅上、畏縮膽怯的人怎麼會有如此豐富的犯罪生涯。

V先生說，醫生開給他普瑞巴林來治療慢性背痛和坐骨神經病。他表示我們的護理師已經通知他，我們不會開普瑞巴林給同時在服用鴉片類藥物的患者，也就是他的情況。這是正確的——普瑞巴林和鴉片類藥物是一種危險的組合，可能造成心臟和呼吸問題，並且可能導致死亡。[109]他之前還服用了速百騰、舒痛停（tramadol）、樂活憂（mirtazapine）、安米替林（amitriptyline）、癲癇藥和安眠藥。我向他解釋，這些藥物交互作用可能會增加他癲癇發作的頻率和嚴重程度。[110]V先生說，只要能讓他不痛，他很樂意嘗試換藥。我說我會把他轉給MDT討論。

我們的護理師確保他在囚室區域有一個地面牢房，這樣他就不需要爬樓梯了。不幸的是，牢房門太窄，輪椅無法進入。他需要把他的輪椅放在牢房外，他盡可能地在牢房裡跌跌撞撞，在沒有任何助行器的情況下盲目地抓扶周圍的設備。在我看來這是不人道的。他隨時會發生意外。我環顧了他的牢房，發現到處都有絆倒的危險。我解釋目前住院部沒有空位，但我會把他排在等候名單上的第一位。他笨拙地伸出手，直到他找到我的手，然後用雙手緊握住並感謝我。從各方面來說，這是一次非常不錯的諮詢，我從中獲得了一種個人幸福感。如果每個囚犯都這麼願意接受幫助就好了。這似乎是一段治療關係的開始，我們都對完成的工作感到滿意。

這股滿足感並沒有持續太多。第二天早上，V先生被發現試圖藏匿藥物。他假裝一口吞下，但實際上卻吐進他手裡。在受到醫護人員質疑時，V先生說他因視力受損而受到迫害，並開始辱罵和威脅。一名獄警介入並將他推回牢房。不久後，V先生和另一名獄警再度回到藥局窗口。他告訴護理師，他剛剛確實藏了藥，但後來他把藥弄丟了，他想要再拿。當他們拒絕他的請求時，他又開始辱罵，護理師們按下緊急警報。

那天稍晚，出現一個急救代碼，V先生被發現倒在另一個囚犯牢房裡的地板上，牢房裡濃煙瀰漫，聞起來有毒品的味道——可能是香料。他呼吸困難，語言反應遲緩，似乎是受到某種不明物質的影響。提供氧氣後，他甦醒了，但他立刻否認使用過任何毒品，並說是癲癇發作了。他拒絕任何進一步的醫療措施，要求護理師們不要管他。他們確信他沒有任何立即的安危考量，於是他們也就這麼做了。

第二天早上，V先生試圖透過塗抹少量牙膏把他的藥藏在他的上顎——這是書中最古老的把戲之一。當受到質疑時，他生氣地從輪椅上站起來，毫不費力地走開；甚至沒有一絲跛行。兩天後，一名護理師給V先生服藥時，有人觀察到他行跡可疑。他開始劇烈咳嗽，一副快窒息的樣子。在服藥列隊中站在他身後的囚犯低聲對護理師說，他親眼看到V先生把藥吐到手裡。

V先生被預約到整合戒毒治療系統的艾蜜莉．溫特斯醫生那裡，她與托妮密切合作，托妮是第二代牙買加裔英國人，是IDTS的護理師，她的黑郡（Black Country）口音勝過我的伯明罕本地口音。會診幾分鐘後，緊急警報響起。我跑到她們的診間，推開門，發現V先生站在那裡，臉緊貼著艾蜜莉的臉，雙手抬起。他威脅著要勒死她。托妮設法拉住他的手臂要把他拖走，拖著他從我身邊經過走向門外。接著V先生非常小心地躺在地板上，開始搖晃他的手臂和雙腿。

「我發作了！」他大叫。

「不，你沒有，」我直截了當告訴他。

獄警很快就趕來，詢問為什麼有警報聲響起。他們只見一個虛弱的男人躺在地上，一副急需救治的模樣，而周圍的醫護人員卻對他視若無睹。

「他剛威脅要勒死醫生。他剛剛就在她面前，」托妮解釋。

「不，我才沒有，你這個騙子！」V先生在地上大叫，他的四肢仍在「抽搐」。

獄警們把他從地板上扶起，試圖將他放回輪椅上。

「滾開，我能走路，」V先生大喊並一腳踢倒輪椅。他匆匆跑過走廊，獄警們不得不追上前去抓住他。我不知道他們是否認為他威脅醫生是一項嚴重的罪行，需要把他關進隔離室。我查看一下艾蜜莉，確認她是否沒事。

「他是個狡猾的傢伙，」她以一貫輕描淡寫地方式說道。

「妳的鼻子在流血，他有打到妳嗎？」我關切地問。

「喔，那是因為我的血壓。我今天早上忘記吃藥了，」她告訴我。

我遞給她一張衛生紙，讓她按在鼻子上。鮮血湧出。托妮帶著她去廁所清理乾淨。我用抗菌濕紙巾擦掉她鍵盤上的血跡。

艾蜜莉有一種不露聲色的幽默感，是個好夥伴。托妮有著爽朗的笑聲，在看到她人之前，整個走廊盡頭都能先聽見她的聲音。她們兩人合作無間，我們成為很好的朋友。他們團隊中的第三名成員是另一位資深的IDTS護理師里奇。八〇年代初，他加入一個龐克樂團，他的許多朋友都死於吸毒過量。看著他周遭人們的壞毀，他對藥物濫用起了興趣，接受培訓成為一名護理師，然後在社區診所工作，直到兩年前轉移到監獄。里奇跟監獄裡許多工作人員一樣，友善地特別照顧我。在我們星期五的午休時間，我們會去音樂教室，他非常有耐心地教我彈吉他。我擁有一把吉他已經五年了，它放在家裡積滿灰塵。里奇教我要為自己的喜好和我個人騰出時間。他知道我有多努力工作，並說我有過勞的危險。他熱切提醒我休息時間的重要性。他是個素食主義者，練習瑜珈和冥想，並悉心照料著有機栽種——這對於一個前龐克來說是種巨大轉變。他工作之外的生活方式是緩解監獄生活壓力的完美方法。我需要為自己找到更多的平衡點。

我加入艾蜜莉、托妮和里奇的咖啡休息時間，那是我們的壓力日常中最有趣的時刻。在短短十五至二十分鐘內，我們笑得如此開懷，甚至都忘記了我們身處在監獄裡。由於我那天真又簡單的世界觀，我常常成為善意的笑柄。艾蜜莉是迪士尼狂粉，她覺得我活在一個童話世界裡，全人類都坐在陽光輝芒的樹林間編織著小雛菊花環。我喜歡她這麼看我，但事實並非如此。我沒有告訴她我的憂鬱症。我用忙碌來忽略自身問題——優先擔心我的病患，把自己擺在第二位。當然，忽略我的問題並不能使問題消失。當我獨自一人時，我周圍彷彿籠罩著一層黑色的帷幕，我必須非常努力才能融入周圍環境。也許這就是為什麼我想在雷聲般吵雜和臭得要死的監獄工作。它蓋過了其他一切，對此我深深感激。

「我真的有被V先生的行為嚇到，」當艾蜜莉和托妮從廁所回來時我這麼說。

「他的記錄顯示這是一種明顯的行為模式，」艾蜜莉說，仍按壓住鼻子止血。

「他的記錄可回溯至二十年前，我只先快速讀了一下，」我得承認。

「我來帶你快速了解情況吧。他似乎在用藥換毒品。他承認在獄中購買海洛因和香料。這所監獄裡全是毒品。V先生有攻擊醫護人員的歷史。他是團隊分裂者，會試圖分裂初級照護、藥物和心理健康團隊。他對他們各個人展示出不同的症狀並要求藥物治療。他在監獄中必然得戒掉普瑞巴林，但只要一出獄，他又回到社區診所那裡恐嚇他們，直到他們再次開出處方。他是藥物過量意外的重大風險。」艾蜜莉下了一個完美總結。

「他早晚會死在監獄裡。他愛用香料和海洛因，但產生的反應很差。他會死，而我們都會在死因裁判法庭上被罵死。」托妮補充道。

艾蜜莉、托妮和里奇的辦公室裡有一個很大的櫥櫃，裡頭放著糖果和零食。托妮開始為大家沖熱巧克力。糖分是面對困難挑戰時不可或缺的一部分，而ＩＤＴＳ團隊面臨著非常多挑戰。

「為了他的自身安全，我們必須要讓他停止服用一些藥物。我認為我們應該從減少速百騰開始，因為他一直在偷藏。如果他把藥給了別人，其他人可能會因服藥過量而死。」艾蜜莉說。

「如果他沒有適當服藥，那就表示他並不需要它，」托妮插話。

「我們需要一組MDT，也需要一名獄警在現場，因為這會是個高難度對話。」艾蜜莉說。

「如果他敢再有任何欺騙行為，我會把他揍飛，給他來點牙買加的顏色瞧瞧。」托妮說著，一巴掌在空中嗖嗖地揮動。

MDT會議安排在接下來的那週舉行。我和V先生、艾蜜莉、托妮、健康照護主管以及V先生的戒毒輔導員一起參與會議，在場的還有一名In-reach心理健康護理師迪恩。

第一次見到迪恩時，我正在診間裡忙得不可開交，他非常客氣地請我去檢查一下側翼樓的一名心理健康患者。當天現場沒有精神科醫生，而他認為那是個精神科急症。我提醒他我是個全科醫生，並不是精神科醫生，不過等我處理完某人臉部傷口的縫合，我會隨他一起過去。我留意到迪恩避開他那綠色眼睛的目光，就像許多心理健康護理師一樣，他不喜歡看到血。當迪恩和我走到側翼樓時，囚犯們笑著呼喚他。他顯然很受病患和監獄官員喜愛。似乎很少有人能夠抗拒迪恩那股愛爾蘭人的魅力，燦爛的笑容，以及喜歡引用凱莉．米洛的歌詞，彷彿她是當代最偉大的聖人一樣。他去了她所有的演唱會，並與她合影留念，不可否認地，她看起來有點被他的狂熱嚇到。我很想看看他關切的那位有精神狀況的病人。那人坐在他的牢房裡，眼睛直直盯著天花板。

「你可以看一下我嗎？我需要檢查你的眼睛。」我說。

「我沒辦法移動眼睛。」那個人咬緊牙關地回應，他顯然非常痛苦。

「他被開了一款新的抗精神病藥物，我認為劑量可能太高了，」迪恩擔憂地說。

迪恩是對的，這個人的眼球上吊，[111]這是藥物的副作用，他無法控制眼球的轉動。這確實是精神科急症。我聯繫了精神科值班醫生，將患者緊急送往外部就醫。這起事件教會我信任迪恩對患者的評估。他是一位非常認真盡責的護理師，他在病歷中寫的是整段文章而不只是短句——就像我一樣。他曾經去過死因裁判法庭，並說他從中獲得的資訊就是「如果沒有寫下來就代表沒有發生過」。如果醫療記錄中沒有記載某些內容，很難證明已經提供了醫療措施。

V先生說他會參加MDT會議，條件是他可以有個人陪同給予情緒上的支持；他選擇了一名健康好手R先生。我很高興再次見到R先生，我從克莉斯那邊聽說他在這個職務上不斷進步，而且似乎樂在其中。人們很尊重他，並向他尋求意見。戈茲，身材嬌小但力氣十足的戒護主管，也在現場防止V先生變得暴力。

「我是你的保鑣，Y醫生，」她提醒我。「要是他有奇怪的眼神看你，我就把他折成兩半。」

「戈茲，他看不見。」我提醒她。

「好吧，那他就看不到我折他了，」戈茲這麼說。

我們圍成一個半圓形，沒有階級感，主要是為了讓V先生安心。牆上貼著日出和山峰的海報，上面寫著勵志名言：

「唯一的出路是走下去！」

「發生在我身上的事並非真我——我選擇變成什麼才是真我！」

還有一張普羅查斯卡和迪克萊門特（Prochaska and DiClemente）的變化階段模式海報（Stages of Change）。[112]它展示了如何擺脫舊有行為復發並保持新的、更健康的行為模式。螺旋上升表示第一階段是如何去意識到問題存在，即使還沒有意願改變。這個MDT會議是為了讓V先生思考他的問題以及我們能夠如何採取行動來防止未來的復發。

戈茲禮貌性地知會V先生，如果他開始挑釁，會議將會終止，然後會帶他離開。一開始，他低著頭坐在輪椅上。下一步，他試著跟戈茲打情罵俏。她對他的閒聊毫無反應。

「別再叫了；你找錯對象了，」戈茲斷然告訴他。從深色墨鏡後面，他似乎注意到了她的彩虹掛繩，看起來垂頭喪氣的。

然後他進入攻擊模式。

「我要讓你們知道，我要告這個鳥不拉雞的監獄，」V先生對著房間大聲宣佈。

「讓我試著幫助你，」我說。這很快就變成我在特定情況下的開場白。我想讓患者感到被傾聽和關心。我還心想：現在還有誰會說「鳥不拉雞」？

他以一連串的咒罵作為回應。

「管好你的嘴巴，」戈茲打插。

「閉嘴，」V先生對她咆哮。

「再說一次，我就把你的手腳打結！」戈茲用嚴厲的語氣說道，這表示她不會容忍任何進一步的惡劣行為。

V先生開始說明他的情況，他變得愈來愈激動。他急躁、粗暴無禮、滿口髒話——但都是口頭上的，目前還沒有肢體上的威脅。他否認偷藏藥物以及吸食香料。他的記錄現在看來一切都合理了。他在之前的監獄裡有很多問題，他也有對工作人員粗暴和威脅的悠久歷史，過了那個光明的開端，現在我們近距離體驗到了這一點。

托妮向V先生說明，當他抵達我們監獄時，他已經簽署了一些契約。[113]其中一份有明白交待，若有任何懷疑他隱藏他的藥物或沒有按照規定的方式服藥，那麼這些藥物就會停開。這是為了保護他，也是為了保護他人。V先生問契約是否有盲文，並沒有。於是他說，那他不知道自己簽了什麼。那些表格應該要念給他聽，因為他有視力障礙。V先生對於一切都有其解釋。

「我的藥是醫院的醫生開的：神經科醫生和精神科醫生。你們這些人只是全科醫生，你們不能動那些藥。我知道我的權利。你們休想讓我排毒，否則我會停止一切藥物治療，然後死於癲癇發作。我的死會算在你們頭上。我保證我會寫信給報社、國會議員和我的家人。我會讓他們知道你們謀殺我。」V先生語帶犀利地說。

他依序指著我們每一個人。對於一個有視力障礙的人來說，他瞄準的方向出奇準確——我在想他之前跟我說的所有事情究竟是不是真的。他挑釁地交叉雙臂坐回輪椅上。他肯定不想讓我們任何一人好過。

「藥物只是戒毒的一小部分。你還是可以接觸到你的戒毒輔導員和心理社會團隊，持續獲得協助及談話治療。」艾蜜莉說。

「這全是狗屁，你們知道你們不能對我做任何事。你們敢碰我的藥試試看，看會發生什麼事！心理社會什麼的是他媽的垃圾。我沒興趣！」V先生大喊。

R先生無疑非常慌張，但正盡最大努力讓V先生冷靜下來，並解釋團隊正試著要幫他戒毒。V先生大聲斥責叫他閉嘴。戈茲要他說話小心點。他沒有再叫她閉嘴。沒有人敢這樣命令戈茲。

「我們並不想停止你的藥物治療，但我們別無選擇。我們有責任保護你和其他人的安全。」艾蜜莉堅定地說。

在聽完V先生的抱怨並評估種種跡象後，在場的所有人都同意他需要停下一些藥物。我和艾蜜莉跟大家說明，我們會一次減掉一種藥物，比起一下子全部斷絕，這樣是較安全，也是較能夠忍受的作法。心理社會輔導會繼續提供協助。我們還會建立一個ACCT檔案來協助他，以防他試圖傷害自己。迪恩說他很樂意繼續予以協助。這是合乎規範的解決方案，適用於任何因藥物反應不良而需戒除的人。

「滾開！你們他媽的每個人都給我滾。我希望你們都感染愛滋病然後死掉！」V先生對我們所有人大吼。再次花時間用手指一一指向我們，方向是無懈可擊的精確。

他從輪椅上站起來，大步走出房間，砰地一聲關上身後的門，結束這場諮詢。戈茲跟在他身後。R先生也在離開前代替他為他的粗言穢語向我們道歉，這是始料未及但令人欣賞的。我懷疑V先生是否真的看不見。他設法從半圓形的一條小縫隙間跨了出去，毫無猶豫的伸出手去拉了門把。他還能夠輕鬆地從輪椅上起身，他似乎不需要拐杖，更別說是輪椅了。關於他的視力障礙和行動不便問題的診斷都需要再重新評估——但那是另一天的工作了。

我伸手遞給艾蜜莉一張衛生紙，因為她的鼻子又流血了。當所有人都離開會議室，只剩下托妮和艾蜜莉時，我問艾蜜莉是不是覺得壓力很大。

「老實說，我不知道。當我記得吃藥時，我的血壓其實控制得還不錯。我想我已經忘記要擔心自己的健康了。有時我只是覺得累了，我覺得我受夠了，只想上床睡覺。可能是壓力導致我的血壓升高。也許我只是不夠聰明，無法解決我的壓力……」她愣了一下，思考著這種可能性。

「前陣子我在指導醫學院的學生。我們談到關於醫護人員的倦怠。除了覺得壓力大之外，我每一個方框都勾選了，所有其他的身體症狀我全都有。當我以為我的血壓差不多接近一二〇／八〇時，實際上卻是二〇〇／一〇〇。每次我對某人生氣，我都會流鼻血。我開始對自己這樣感到挫折，因為如果每次生氣時就會流鼻血，你就無法隨時保持一張撲克臉。」艾蜜莉告訴我。

「你有去看你的全科醫生嗎？」我問。

艾蜜莉看起來有點窘迫。「自從希普曼醫生（Dr Shipman）*的災難後，」她提醒我，「全科醫生不得為我們自己或我們的直系親屬提供醫療服務。我們甚至不能為自己開抗生素。我有去我朋友的診所看診，因為我知道他是個好醫生。起初的前二週藥物反應真的是糟透了。每次我過馬路或做些極小的活動，像是爬一小段樓梯，我都會感到劇烈頭痛和心悸。幾週後，我的血壓慢慢下降，現在我回到一二〇／八〇，如果我有記得吃藥的話啦。」

我對她翻了個白眼。

「我覺得醫生都會忽視他們自己的健康問題，直到你不得不為此做點什麼的時候。」艾蜜莉笑著說。我也笑了，希望這聽起來不會太虛假，因為我做了完全一模一樣的事。

---

* 譯註：Harold Shipman，英國連環殺手醫生，多次利用醫生的職責接近病患，並對病患注射大量嗎啡使其致死，調查指出希普曼醫生可能殺害二百三十六人。

艾蜜莉接著說，「托妮跟我一樣糟。我們在比賽看誰的血壓最高，贏的人躺下，然後輸的人要去沖熱巧克力！」

「結果妳為什麼會來監獄？」我問。我很多朋友一直在問我這個問題，找到我自己的答案花了我很多時間，也認真思考過這群不拘一格的同事是如何湊在一起的。艾蜜莉是三個年幼女兒的母親，可能是我見過最聰明的人之一。和我一樣，她對歷史充滿熱情，然而當我購買復古西裝時，她會為重演歷史戰役特製自己的服裝。她說明了什麼叫做領導者，我發現她很有啟發性。那她在這裡做什麼？

「我以為這會很有趣，」艾蜜莉若有所思地說。「我在監獄的第一天讓我想起學校生活。我心想，哇，學校的惡霸並沒有消失，以這樣或那樣的方式，他們都會在這裡。然後我在戒備最森嚴的A級監獄待了幾天。我和一個人共處一室，我在那裡是為了減少他的苯二氮平類用藥（benzodiazepines）。我被警告他已經殺了好幾個人，而據我所知上次有人試圖減少他的苯二氮平類藥物時，他攻擊了他們。我和他一起坐在一個房間裡，房門外有六名獄警，準備好隨時迅速行動，但可能還是會來不及。自那天之後，每當我遇到困難情況時，我就會想，『我都面對過那個人了，這個我可以應付。』我確實有時會失眠。因為選擇在這裡工作，我想我們全都需要做一些心理健康的檢測。包括你，Y醫生。」

我讓沉默籠罩著彼此一會兒，然後如往常一樣一笑置之。我原本可以藉此機會吐露心聲，但我並沒有這麼做。一次又一次，我原本可以和這些體貼善意的同事們聊聊我的喪親之痛和低落情緒，但我覺得我還沒準備好——它還是太赤裸了。我別過目光，注意到一張海報，上面有馬雅・安傑洛（Maya Angelou）的一句勵志格言——「沒有任何悲傷大過於心中承受一個未說的故事。」

艾蜜莉特別喜歡與托妮、里奇和迪恩一起工作。他們是真的關心病人。我們都知道，我們所有的成就都是因為一路以來有人幫助了我們，現在輪到我們來幫助人了。

「當我接觸到年輕罪犯時，我就清楚明白這一點，」艾蜜莉說。「我見過一個女孩，一個十多歲的女孩，她曾試圖上吊自殺，我在事發幾天後見到她，她整張臉是一大片深紫色的瘀斑，那是皮下出血所致。她的脖子被繩索勒傷了，眼睛裡的血管爆裂，於是白色的眼球呈現血紅。她來看我是因為她搞不清楚自己的皮膚究竟出了什麼問題。她在一次自殺未遂中倖存，而現在卻更擔心自己的膚色以及需要多久才能恢復正常！她詢問我化妝技巧。這真的很難。我心想，我努力讓妳好看一點，以便讓妳回家，然後再次嘗試以自殺來擺脫妳的家人。」

我曾經和艾蜜莉一起在少年看守所工作，我知道她指的那個女孩是誰。她很崇拜艾蜜莉，還問她那雙亮色的鞋子是在哪裡買的。是那種迪士尼公主會穿的鞋——上面蓋滿了閃亮的扣環、布飾和緞帶，因此而發光。艾蜜莉有因應各種場合的主題鞋。有些鞋覆蓋著塑膠餅乾和刺繡愛心。沒有鞋面是沒有裝飾的。艾蜜莉說，這雙鞋是懷特島上一名九十多歲的老人手工製作的，一個盲眼藏僧的英國版本。一開始我以為這是個玩笑，但並不是。她的鞋子和她本人一樣特別。

就是因為身處在這群不可思議的人之中，這項工作才變得可能。

MDT團隊同意每週會見V先生。他拒絕去我們為他預約檢查健康狀況的門診。於是艾蜜莉、托妮、里奇、迪恩和我就像儀式一般，每週都會去他的牢房門口閒晃一次。獄警會幫我們開門，然後V先生會叫我們滾蛋，然後就去把電視音量開大，就跟鬧鐘一樣準。他拒絕回答我們任何問題，然後會叫獄警把門鎖上。起初的會面只維持了幾秒鐘。後來V先生會開始罵比較有創意的髒話，但至少他跟我們多聊了幾分鐘——也算是某種進展。沒人會在意他的煩躁，因為他的速百騰藥量正在減低，接著會停藥。迪恩認為，在能夠評估他的潛在心理健康問題以前，他需要停用任何藥物一段時間。V先生的藥物濫用和心理健康問題幾乎是密不可分地交纏，為了能夠適當地幫助他，我們必須將藥物完全剔除。

針對他所說的癲癇，我們將他轉介給外部的神經科醫生以詢求意見，但V先生拒絕去醫院就診。於是我們把所有關於V先生的記錄寄給了這位神經科醫生，然後他打電話到監獄來找我；他表示V先生從來沒有被診斷出患有癲癇，也沒有任何行動不便的問題。他建議我們開始讓他停用癲癇藥物，並安排V先生為期六個月的追蹤觀察。監獄的眼科醫生也對V先生視力問題的說詞感到困惑——他做了評估，結果發現視力完全沒問題。

在這裡待了幾個月後，V先生停用了他所有的處方藥。迪恩說他有天經過時遇到他，已經做好準備會聽到一長串的髒話，結果V先生卻很有禮貌，說他從來沒有感覺這麼好過。我們倒還不至於彼此恭喜與自我慶祝，但這足以證明這項工作已經順利完成了。至少在監獄裡；至少目前看來。在漫長的康復道路上，我們祝福V先生一切順利。

第六章 創傷

警鈴在無線電中劈啪作響。

「D牢區急救代碼，刺傷。奧斯卡一號前往。飯店三號前往。指揮部叫了救護車！」

就這麼開始了。

我們使用北約音標字母（NATO phonetic alphabet）溝通。飯店是健康照護，奧斯卡一號是管理或監獄領導。飯店三號是負責處理所有緊急情況的護理師或護理人員，通常是史蒂芬護理師。

史蒂芬護理師危機處理表現出色：處變不驚，特別令人安心。她被暱稱為納洛酮（Naloxone）女王，擅長用這種藥物把人救活，否則他們會死於鴉片類藥物過量。[114]史蒂芬是一個敏感的氣喘患者，她自己每隔幾個月就需要住院治療。我們所有人都覺得由她照護這些吸食有毒物質的男人實在諷刺極了。然而，她把重達十二公斤的醫療應變包扛在背上開始奔跑，其中有著氧氣瓶，以及她進入未知世界時可能會用到的所有設備及藥物。

在另一天，史蒂芬可能正在回覆紅色代碼（Code Red）。紅色代碼是涉及血液的緊急情況，[115]可能是毆打、刺傷或自殘，所有這些都是時常發生的事。史蒂芬會和一名醫療助理一起趕至代碼處，可能是克莉斯、維多利亞或蘇菲其中一人。他們有幾分鐘時間趕至地點，那個地點可能是監獄中的任何地方。我們所有人幾乎每天都處於從一個緊急情況衝到下一個緊急情況的狀態，根本沒有任何空檔可以寫下記錄。而值得一再重複的是，醫療記錄可以阻止專業律師們在死因裁判法庭上把你撕成碎片。

監獄中一個主要問題是香料。一些囚犯沉迷於香料，為了它什麼事都做得出來，他們甚至為了得到它而任人毆打或羞辱。一個臭名昭彰的人會「以一拳換一口」，讓人們使盡全力揍他的臉，只為吸一口香料。他下巴脫臼過無數次了，總是歪著嘴笑地走來走去。獄警們告訴我，這些攻擊有時會被拍下並上傳到網路上，需要由安全團隊撤下，以免損害監獄的聲譽。我們已經被譽為英國最暴力的監獄之一。

我問史蒂芬，這些人是怎麼在監獄裡取得香料和其他毒品的。畢竟，囚犯進來時都有進行搜身。

「他們在家人來探訪時拿到的，然後擰緊螺絲，或者把它放進他們的監獄口袋裡，」她若無其事地回答。

我一頭霧水。「什麼？」我傻傻地問。

「他們『塞』。」

我搖了搖頭……

「他們把它塞進屁股裡，」史蒂芬直率地說。

「我以為那個叫『打包』？」我回想著。

「同一件噁心的事可以有很多不同說法。有時，假如有人被懷疑藏帶毒品但他否認，其他囚犯會給他挖湯匙。」史蒂芬說，她對於我不了解監獄術語似乎感到很有趣。當她說挖湯匙時，我腦中的畫面是一對熟睡的情侶保護性地、充滿愛意地交疊在一起。

「不是你想的那樣，」她說，彷彿讀到了我的心思。「在監獄裡，挖湯匙指的是他們真的會把湯匙插進某人的屁眼裡，然後四處挖找包裹。這會導致內部損傷，我們第一次聽到這件事是有人造成紅色代碼，而他們的肛門大量出血。我們必須排除強姦情況並且召集鑒識小組進來，但十之八九是挖湯匙造成的，但這仍被歸類為性犯罪。」

我震驚地用手摀住嘴，一臉難以置信的誇張表情。

最兇狠的攻擊，比捅傷（或以監獄自製刀片刺傷）和用裝有鮪魚罐頭的襪子毆打更糟糕的，就是被糖水攻擊。把一大袋糖加進一壺水中並加熱，把這種熔化的糖漿潑到人身上時，會灼傷每一層的皮膚和細胞組織，這比一般的熱水燒燙傷更嚴重，會導致永久性毀容。如果把糖水潑在臉上，可能會導致失明甚至死亡。被糖水燙過之人的慘叫聲仍是我揮之不去的噩夢。

糖水襲擊的受害者總是傷勢嚴重，無法在側翼樓得到照護。這些可憐的人，失明、慘叫、驚嚇地顫抖不止，必須被護送至門診部，把濕潤和冷卻藥膏輕輕敷在他們紅腫的傷口上。我們一邊極其小心地照顧他們，一邊表達歉意，因為我們知道他們正承受著難以忍受的痛苦。我們極其謹慎地照護這些人，也說著安慰及安撫的話語，然而在極度痛苦的尖叫聲中，這些話他們幾乎聽不見。

除了急救代碼和紅色代碼，每一次牢房火災也會召集醫護人員前往。僅僅在二〇一一年，英國監獄就發生了將近一千起牢房火災——這個系統是一個積極的地獄。[116]牢房火災可能是你在獄中目睹過最痛苦難忘的事件，而你永遠不會忘記第一次。我的第一次在某天早上來臨了。

一個無線電呼叫傳來，要求醫生緊急前往牢房區。這絕對不是個好預兆。我以最快的速度跑向那個地點。我順著燃燒的氣味和側翼樓上鳴響的煙霧警報器前進，直到我看到一群獄警，個個身材魁梧的男人，以能在健身房裡忍受多少身體上的疼痛而自豪，相互扶持地蜷縮在平台角落。他們無聲地哭泣——顯然處於震驚狀態。我急忙趕到那間牢房，看到整個牢房被黑煙吞沒，仔細一看，我可以看到床墊上燒了一個大洞，地板是濕的——但病人不見了。

我很困惑。然後一名獄警介入指引我。原來，每個牢房都裝有一個撒水設備，這是一個可以拆卸的圓孔，在無需打開牢門的情況下，軟管可以穿過圓孔，但這會有回燃和進一步擴散的風險。監獄是一個火藥桶，火勢可能會從一個牢房蔓延到另一個牢房。獄警們已經透過門上的孔洞撲滅了火焰，但牢房裡仍籠罩在有毒煙霧中。[117]獄警們小心翼翼地把這名男子抬到鄰近的一間空牢房接受治療。在搬移過程中，他燒傷的皮膚在獄警手中如紙片般剝落，露出燒焦發黑的肌肉。可以理解，獄警們因目睹這一切而感到崩潰。

我跑到新地點協助我的同事，他們已在努力救治，因為病患的靜脈嚴重受損，他們正盡力尋找他身上任何沒有被燒傷的區域以便注射止痛針。一眼望去，我估計他至少有百分之六十的燒傷面積，並且有嚴重脫水、休克、感染和死亡風險。終於，我們在他的腳上找到一小塊沒有被火燒傷的皮膚，我固定了一根珍貴的針頭，為他注射嗎啡和液體。護理師們告訴我，這個人在痛苦哭喊中跟他們說了一些事發經過。他一直在吸食香料接著失去意識。他把點燃的捲菸掉在自己身上。當他身上的纖維衣物著火，置身在火焰中時，他恢復了知覺。

空中救護車在幾分鐘內抵達，他們把他送到當地的燒傷中心，幸運的是，距離只有幾英里遠。接下來的幾天，我們都想著他的情況如何，但沒有任何消息。終於，在一週後，所有在當時參與照護他、奮力維繫其生命的人員——官員和健康照護人員——都被叫到教堂，我們被告知那名病患因傷勢嚴重而死。典獄長和一名健康照護代表必須親自向他的親屬通報這個消息。他們悲痛欲絕——他留下一個年幼的家庭。

除了香料的危害外，火災的風險也總是很高，因為男人們有時會用沸騰的水壺互相攻擊，這可能會導致電器走火。二〇一五年，監獄禁止吸煙和打火機。但這些人很聰明，可以拆開水壺取出電線，輕鬆點火。

香菸常被私帶進來並以高價出售。當囚犯用光時，他們會抽塗上香料、煤焦油洗髮精或任何他們能找到的其他化學物質的白紙。香蕉曾一度被禁止，因為囚犯過去常常偷香蕉皮，他們把香蕉皮曬乾並吸食，誤以為吸食香蕉皮會讓人自然嗨。囚犯有時甚至會吸食燃燒的塑膠來得到快感。無論在任何地方、以任何方式，他們都試圖忘卻一切。

沒有人想死在獄中。我們竭盡所能挽救生命，讓犯人在服完刑後能夠回家。如果有人看起來很沮喪或沉默寡言，我們會分析他們的精神狀態，並詢問他們是否有任何自殘念頭或計劃。**In-reach**心理健康服務團隊每天都會收到許多這樣的轉診。迪恩特別擅長讓人們在情緒問題上對他坦誠以待。他幾乎是不停在監獄裡跑來跑去，從一場心理危機到另一場心理危機，並做出實質的改變。有些人會以割傷或摳抓自己來應對焦慮，也就是所謂的「切割」。他們的身體在康復的各個階段皆佈滿傷疤——但他們堅信這只是一種應對機制，他們實際上並不想死。有一度，在差不多一千出頭的人口中，大約有七十人加入了ACCT照護計劃。這是一個可怕的統計數據。

史蒂芬因一天處理三十件急救呼叫而受到典獄長的嘉獎。那段期間，監獄裡有危險的鴉片類藥物吩坦尼（fentanyl）滲入。[118]它起效迅速，囚犯們把它與香料混在一起吸食。許多人會立刻中止呼吸或癲癇重積狀態。儘管給了雙倍劑量的鴉片類解毒劑納洛酮，但有些人仍然沒有反應。他們不得不被轉往外部醫院，在那裡還需要靠人工呼吸器維持生命。史蒂芬在十二個月內救回了二百八十七條人命，典獄長給了她一張五十英鎊的消費券和一張「感謝卡」。授勳一枚官佐勳章（OBE）會更適合。她是個真正的英雄，謙虛到不願接受祝賀。

「這是我份內之事，」史蒂芬說。

如果史蒂芬正在處理一個急救代碼，而無線電中又傳來另一起緊急情況，那麼飯店四號或輪值表上下一位有空的護理師就會出勤。如果又傳來另一起緊急情況，接著又是另一起，那麼無線電呼叫會要飯店全員出動。如果這是一起非常嚴重的急救事件，而飯店需要支援，他們會呼叫醫生——這代表情況正在急速惡化。於是我會終止任何問診，向我的病患道歉並請他們離開，鎖上身後的房門並開始奔跑。

我們把每一次急救視為一場戰役，奮力把我們的病人從死亡邊緣拉回。有時，一個狹小的牢房裡會有四五名醫護人員。一些牢房被非正式地當作側翼樓商店使用，所有備用的空間都堆滿物品。其他的則是相對空無一物，牆上只有塗鴉和半裸的海報。在這個監禁空間裡，我們必須相互翻過越過，對一個人進行急救，使他起死回生。每個牢房都是一個完整的世界，家人的照片由上往下俯視著我們。萬用黏土（Blu-Tack）和口香糖在監獄裡是禁品，因為它們可以用來堵住鑰匙孔。如果有囚犯拿到一串鑰匙，他們可以用口香糖做模具，複製鑰匙並逃脫。這聽起來很荒謬，像電影裡會出現的東西，但它是可能的。於是，親手製作的父親節卡片，只能用牙膏微弱地固定在牆上，因擾動的空氣而飄動。笑容滿面的幼兒、父母和伴侶在我們工作時看著我們。我盡量不去看那些家人的照片，他們的表情似乎在懇求我把他們所愛的人帶回來。我們都知道，在這個狹小空間裡，生命是一件非常脆弱的東西。它可以像吹熄蠟燭或點燃香菸那般容易被剝奪。有時只需要一顆直徑只有幾公釐的藥丸。

讓一個人起死回生是件極其累人的工作，我們需要輪流按壓胸腔，力道要足以讓這個人的心臟重新跳動。給予氧氣，要把他萎陷的肺部充氣。我們用自己的手搓揉那雙冰涼的手，看著他的血液循環開始漸漸漸停止。死亡的藍墨色首先會聚集在指尖，然後向上延伸至手臂。自動體外心臟電擊去顫器會指示是否需要電擊。我們在狹窄的空間裡盡可能地後退，看似毫無生氣的身體在堅硬的地板上劇烈抖動。我們的手放在他黏濕的胸膛上，為他的心臟和肺部復甦。整個過程，我們呼喚著躺在面前的這個人。我們求他回到我們身邊。我們告訴他，他是被愛的。即使過了三十分鐘，我們還能幸運地把隱藏在皮膚下的死亡藍色斗篷慢慢拉開。血液循環的紅潤溫暖從他的臉蔓延到指尖，直到他終於急促地喘起氣來並睜開眼睛。

「歡迎重返人間。」史蒂芬氣喘噓噓地說，用戴著手套的手背抹過濕漉漉的額頭。

「你差點讓我心臟病發！」克莉斯捂住自己的胸口跟那人說。

「對不起。」當我們將他擺放至復甦姿勢時，他低聲說。

如釋重負的浪潮席捲而來，因為我們戰勝了死亡——這一次。而後我們笑了笑，互相祝賀。又一條寶貴的生命得救了。一個已經因監獄分離而緊張的家庭免於破碎。我們不期望感謝；保護患者是我們的工作，也是我們來此工作的原因。這些緊急情況帶給我們的身體及情感上的耗損不是我們談論的話題。正如史蒂芬所說，這是我們份內之事。

有時，我們會持續急救一個小時，直到病人甦醒。除非是非常明顯已經死亡，否則我們絕對不放棄。如果他們持續使用香料，他們一恢復過來就會變得偏執和暴躁，他們會攻擊我們。他們摑我們巴掌、踢開我們，因為他們仍受到毒品的影響。我們要護著自己的臉以免受到攻擊。我們在退到安全距離之前還要邊收回設備，並在幾分鐘後再次查看患者。我們可能需要坐在牢房外的地板上休息，靠著冰冷的牆壁。史蒂芬會使用她的氣喘吸入劑。正當我們仍氣喘噓噓、汗流浹背時，另一個緊急呼叫又傳來了。我們打起精神，再跑向下一個急救現場。

急救代碼其中讓人持續感到挫折的一點是，反覆收到呼叫來搶救同一個人。哈里遜先生就是屢犯者之一，他最近一次入獄一開始就在報到處使用香料而倒下，而他的行為一直持續著相同模式。他的毒癮並沒有減輕。自搖擺六〇年代以來，他一直留著長髮，而現在白髮蒼蒼，使他看起來像是另一時代遺留下的產物。他吹噓沒有任何一種毒品是他沒試過的。他告訴我，他年輕時長得很帥，非常有女人緣，環遊世界到處都有他的孩子，從事毒品交易賺到巨額財富。他描繪著各種放蕩的迷人生活，並細數出他所結識的過氣搖滾明星。他說他曾探索過南美洲的叢林，那裡的一位薩滿巫師給了他死藤水，一種死亡率極高的迷幻藥。[119]

「我差點死了，兩次。」哈里遜先生語帶驕傲地說，好像他堅不可摧似的。我禮貌性地笑了笑，但一個字也不相信。

哈里遜先生仍然舉止得體，彷彿他對女人毫無招架能力似的，他拔掉假牙向護理師送飛吻，護理師們會好心裝出一副受寵若驚的樣子，稱他是號「人物」。他總是因海洛因相關罪行而不斷進出監獄。他也是出了名的監獄白老鼠，無論他同意與否，監獄毒販都會用他來測試新一批毒品的濃度。如果D牢區出現緊急呼叫，我們都猜想那很可能是哈里遜先生，而且通常是準確的。每次我們把他從懸崖邊拉回來時，我們都會告訴他，他還活著是多麼幸運的事。

「這不叫活著。」我們離開時他曾經這麼說過。作為一個自豪的毒品行家的逞能，只讓他肋骨酸痛，喉嚨因插管而破爛不堪。史蒂芬和我都一反常態地啞口無言。

通常她會講個笑話，而我會給囚犯一個我給自己的建議。「在一天中找到你最喜歡做的三件事——可以很簡單的像是吃好吃的食物、聽有趣的東西、見你喜歡的人。這三件事代表著這是值得度過的一天。」

但這次我沒有這麼說。相反地，我感到悲傷。感覺好像我們所做的一切都是在收拾每個人悲慘人生所留下的爛攤子，而這只是為了讓洪水再次決堤，或者在深深的傷口上纏上繃帶，然後在傷口未癒合時感到驚訝。

史蒂芬說她需要抽根菸，我感激地陪她走出監獄，得以呼吸一點新鮮空氣。我已經忘記有多少次勸她戒菸了，而我又說了一次，她會意地點點頭，吸了兩口氣喘吸入劑，然後去她的車裡拿出菸和打火機。當我們走向停車場邊緣的吸菸棚時，她可以看出我正在想事情。我意識到她正透過一團煙霧仔細端詳我的臉。

「上週末是父親節，你有給你爸爸買什麼好東西嗎？」她問。

「他過世了。」我平靜地說。

「噢！天啊，Y醫生，我並不知道，我很抱歉。」她急忙說。

「沒關係，他是個很友善的人，我有美好的回憶。」

「你想聊聊嗎？」她好心地問。

「我不確定。」我老實地說。

她點了點頭，我們沉默不語。

「他在我期末考試前一天晚上去世了。」我猶豫了一下，說出。

「我的天啊！」她倒抽一口氣。

「是的，沒錯。」

「當我在念醫學院時，我住在學生宿舍。」我回憶著。「我的牆上行事曆用粗黑筆圈上兩個日期，那是我的期末考試：五月八日和九日。這兩個日子像戴著拳擊手套的巨大拳頭一樣逼近我面前。我一輩子努力想要取得的醫生頭銜終於接近了。壓力非常大，不僅如此，我還擔心著縱使用功過度，但仍感覺有所不足。這一直是我生命中的焦慮。」

「繼續說，」史蒂芬輕聲引導。

「儘管我盡了一切努力，但我有一種可怕的預感，好像有不好的事情會發生。終於到了那一天：二〇〇六年五月八日，星期一。那是一個我永遠不會忘記的日子。考試很順利。我打電話回去和我爸媽通話。我父親祝福我一切順利，並告訴我，他會為我的成功祈禱。他是我最好的朋友，讓我感到安心。在那通電話中，我們如往常一樣笑著開玩笑。他說他為我感到驕傲，我什麼都不需要擔心。我有良好穩定的家庭背景，不像裡面的許多人。」我說，指了指我們身後的大白牆。

史蒂芬點點頭。「你的父母聽起來真的人很好。」她說。

「是的，他們是好人。」我繼續說。「我覺得要說出我的感受並不容易。」

「就跟典型的男人一樣。」史蒂芬說，吐出一縷煙霧。

「但在這裡工作，日復一日地面對死亡，讓我想要敞開心扉，」我繼續說道。「你看著這些人的生活，會不禁想到自己的人生。」

在繼續說下去之前我停了下來。

「星期一晚上和父母通完電話後，我正準備上床睡覺，這時我姐姐莎哈蒂打電話給我。她支支吾吾地告訴我，父親狀況不太好；他人在醫院，我應該要去一趟。我能聽出她聲音中不符事實的慰藉。我知道我父親死了，我不知道我是如何得知的，但我就是知道。我安靜地離開學生宿舍，因為我不想吵到我的室友。我朝著伯明罕開車回家，但我一直哭，完全迷失了方向。我轉錯彎，無緣由地駛進加油站，只是為了停下車，並試圖止住顫抖不停的雙手。」

「噢，Y醫生！」史蒂芬驚呼。

「世界突然變成了一個陌生又可怕的地方。就好像這條路把我往上推進天際，而樹枝試圖抓住我。我開著車在這個陌異新世界兜轉，彷彿是第一次地觀察著一切。我在紅燈前停下，搖下車窗。『你知道怎麼去醫院嗎？』我問隔壁車裡的那個男人。他的帽子壓得很低，遮住雙眼，但即便是在當時的情況下，我也能看到那雙眼睛是泛紅的，他的車裡有大麻味，他在嘈雜的音樂聲中費力地聽我說話。那人用很慢的速度為我指路。當我們身後的汽車開始按喇叭時，我們還在交談。『我爸死了，』我嗚咽著說出。他說他很抱歉。我像受傷的獸那樣嚎叫著駛入黑夜。他是我第一個說出口的人，我現在也認不得他了，他只是個陌生人，但我想對他說聲謝謝。謝謝他抽出時間和我交談。他充滿善意地和我說話，我永遠不會忘記。」

「我需要再抽一根菸。後來怎麼了？」史蒂芬問，用顫抖的手點火。

「莎哈蒂打來更新資訊。她之前在糊里糊塗中報錯了醫院，那在伯明罕的另一邊。這時她哭了，我還可以聽到電話那一頭叔叔阿姨的聲音；他們都在哭泣。原本四十分鐘的路程，我足足花了三小時才抵達。我跑進醫院，由一名好心的初級醫生領著我到一個邊間。他得知我是那個正在參加期末考的醫學生。他說他可以想像這對我來說有多困難。在為我推開房間之前，他對我說他感到很遺憾。我不知道他的名字，但他的仁慈像支火焰般的箭，劃破黑夜。這對我來說意義非凡，即使到了現在仍是如此。」

「仁慈。」史蒂芬重複著，我能看到她眼角泛著淚。

「我見到的第一個人是我母親貝爾吉絲，她坐在我正前方的椅子上。她要當那個對我傳達壞消息的人。『他走了。』她輕輕地說出。我父親躺在房間側邊的床上。他還留有溫度和柔軟。我的叔叔阿姨都在那裡。他們讓我與他獨處一會兒，我對他訴說他是一個多麼棒的父親，我向他道別。我很少跟別人說發生在我身上、在我們一家人身上的事。我之所以跟妳說這些是希望妳知道，妳拯救了這麼多生命，而你所拯救的不僅僅是那些生命，還有他們家人們的生命。妳是一個真正的英雄。」

史蒂芬伸出手緊緊抱住我。「謝謝你。」她在我耳邊低語。

「真的，妳是個好人，妳每天都在幫助人，妳帶來改變。」我略帶哽咽地說。

「你也在幫助人。」史蒂芬反駁，從我身邊退開，拭去臉上的淚水。

「不，我沒有，不盡然是。」我說。「囚犯討厭監獄裡的醫生，對他們來說，我們全都是免談醫生、死亡醫生和止痛藥醫生。他們認為我們根本不在乎——這是最難的部分。如果不是有人幫助我，今天我不會站在這裡，我也想為其他人做同樣的事。」

「當他們侮辱醫生時都是在講幹話。」史蒂芬說。「當有緊急呼叫，然後醫生趕到時，包括我在內的所有人都會鬆一口氣。」

「我真的不懂我們的病人怎麼能這麼不把生命當一回事。」我說。

「因為他們沒有什麼活下去的理由，他們早已經放棄了。如果你不介意的話，能告訴我你父親到底發生了什麼事嗎？」史蒂芬輕聲問。

「我母親告訴我，當我父親和我通電話時，他其實已經躺在床上了。後來他說他有點消化不良，要求喝點牛奶。我母親已經做完祈禱，她每天晚上都會背頌《古蘭經》。她下樓為他熱了牛奶和蜂蜜。她拿給他，他喝了之後，躺下來繼續祈禱。他在為我的成功祈禱。我母親說他的聲音變小了。她呼喚他，但他沒有回應。她迅速採取行動，打電話給緊急服務和我姐姐。他們幾分鐘內就趕到了。醫護人員說他已經走了。他們說，『事情來得很快』。他們把他送到醫院，就是那時候我姐姐打電話給我。就在我和他通完電話後的一小時內，他就死了。我們知道他有心臟問題。我姐姐和我總是輪流陪他去醫院看病。我們認為他還可以活很多年。我身心交瘁。我的全科醫生說這是一種悲痛，會隨著時間漸漸好轉——但並不是所有病都有藥醫。有時你只是承受著痛苦。我把傷痛深埋在心底。」我承認。

「就像囚犯們一樣。」史蒂芬指出。

「這就是為什麼我必然會做這份工作的原因。」我說。「我們從醫院回到家，整晚都坐在一起哭泣。我們的朋友沙納茲和慕塔芝和我們在一起，他們身上還穿著睡衣。如果你有朋友會在半夜穿著睡衣趕到你身邊，那麼他們不單單只是朋友，他們是家人。天亮後，我認為我父親會希望我去參加期末考試，我媽媽和姐姐都試圖阻止我，但我覺得如果不去，我會讓他失望的。我致電給醫學院，他們安排我坐在一間單獨的辦公室裡，還有一名監考官陪同。考試前，我把自己反鎖在身障者專用廁所裡，無法控制地痛哭。我充滿憤怒，但我厭惡實質的暴力。我以胎兒的姿勢躺在廁所地板上，這是我唯一能做的。有人來敲門詢問我一切還好嗎？我說不好！然後對他們大吼著走開！」

「噢！我的天啊，Y醫生！」史蒂芬驚呼，輕輕地捏了捏我的肩膀。她知道我不是那種會大吼大叫的人。

「當我在辦公室裡考試時，我顫抖得非常厲害，我不得不扶著桌子穩住自己。」我繼續說下去。「我幾乎看不見，因為我的眼睛滿是淚水，我的頭陣陣抽痛。我的鼻涕和淚水沾濕了考試卷，筆的墨水都暈染開了，把紙張弄得一團糟。監考官坐在我對面，尷尬得滿臉通紅。他試圖躲在他的書後方，即便他想做點什麼，但除了表示同情之外，他也無能為力。我並沒有因為情有可原的特殊情況而獲得任何額外時間。一切都成了悲慘的模糊。」

「在那之後，當我打開手機時，有很多未接來電和訊息。我的朋友發現我坐在醫學院的台階上，他們帶我回到學生宿舍，幫我收拾行李。我扯下牆上的行事曆並把它撕成碎片——對於任何一種未來的可能，我已經失去信念。然後他們堅持要開車送我回家。我們從醫院領回我父親的遺體，並將他帶到了清真寺。」

史蒂芬被她香菸的煙嗆到咳嗽。

「我突然成了一家之主，」我繼續說，「但還那麼年輕，我需要主導整個宗教儀式。如果沒有家人和朋友的愛與支持，我是不可能做到的，他們陪在我身邊，告訴我該怎麼做。我幫父親清洗大體，為他塗上香油，然後以殮布裹住他。這一切都要親力親為。我們自己掘了墳墓，輕輕下放棺材，抓一把泥土倒在靈柩上。我當時還深陷在震驚狀態中，我想一定是自動模式啟動了。穆斯林的習俗是人死後三天皆要坐在地板或低矮的家具上。我的朋友們幫忙將客廳裡的家具都搬移到房間一側。他們坐在地板，雙臂搭在彼此的肩膀上。我要感謝我的家人和朋友在我們的世界分崩離析時讓一切恢復正常。我的朋友慕塔芝和沙納茲以及他們的家人們無時無刻都伴隨在我們身邊，現在仍是如此。」

「我們家經營一家報刊店。當我父親去世時，店面就關閉了，我們家唯一的收入來源消失。十天後，當我接到醫學院院長來電祝賀我通過醫學期末考試時，我人正在墓園。我的父親等待了數十年，卻在聽到這個消息的前十天去世了——我站在他的墳前。他一定會很高興的，但我真的難以感到高興。我不想去參加畢業典禮，但我母親和姐姐堅持我們需要為此慶祝一下。當我被叫上台領取證書時，我的朋友們歡呼喝采。副院長和院長緊緊握住我的手，說了些安慰的話。但我只想敷衍了事，希望一切結束。問題是，我想我從那之後就一直在應付了事。後來，我和母親、姐姐去了一家不錯的餐廳吃飯慶祝，我們邊吃邊擺姿勢拍照，然後發呆放空。」我坦承。

「在所有這一切努力後，你確實應該慶祝一下。做得好！」史蒂芬說。

「幾週後，我以初級醫生的身份開始工作，但我沒有告訴任何人發生了什麼事。」我承認道。

「你本來可以尋求幫助的，」史蒂芬輕聲地低喃。

「敞開心扉需要時間。」我說。「我們都不是教科書上的例子，對吧？——不論是囚犯還是我們。我們都只是用自己所知的方式試圖度過人生的尋常人。」

史蒂芬點點頭。我會從我任何一位出色的同事那裡得到同樣的認可。

後來，在我開車回家途中，我打了電話給我的朋友阿迪爾。我們認識一輩子了，他是我最親近的兄弟。在那段黑暗時期，他是我的精神支柱。他和我父親一直很親近，他甚至哭得比我還多。

「你有需要什麼嗎？」他問。

「我不抽大麻的，阿迪爾。」我提醒他。「嗯。我今天跟我同事說了關於爸爸的事，我感覺好多了，輕鬆多了。」

在一陣不時摻雜著笑聲的長聊後，我把車停在我們家店門外，與阿迪爾掛了電話。我們有一個鄰居在他們牆上噴了一個標誌——「他媽的請勿停車」——每次看到總是令我想笑。在打開我們店鋪前門之前，我踟躕了一會兒。我閉上眼睛，假裝我回到了過去。店的鈴聲會在我的頭頂響起，我的父親會轉過身，用燦爛的笑容和一個熊抱迎接我。我睜開眼睛，發現電燈已經熄了。我打開門，走過蓋滿毯子和床單的櫃子。易變壞的食品老早就送光了。在歷經監獄的吼叫喧騰後，一片寂靜本該讓人感到舒適，但並沒有。行經已關閉的店鋪時，我沒有開燈。我記得起初我以為我們家所有的燈都有問題，因為整個看起來太陰暗了——我到處走動，把所有的燈泡都換成了一百瓦，但還是沒有差別。我才意識到，之所以感到幽暗，是因為我父親穆罕默德已不在這裡用他的笑容和笑話來緩解氣氛了。

店後方的第一個房間是廚房。我父母的婚姻美滿：一個熱愛烹飪；另一個享受吃。他們會站在廚房爐火旁為了香料和食譜鬥嘴，我的母親會把最好的食物留給我父親。我能聞到香料的味道：小荳蔻、薑黃、番紅花、辣椒。這些都是我在監獄工作並且認識到那種會致命的香料之前所知的香料。我的母親和姐姐都是出色的廚師並以慷慨著稱。她們會定期分送食物給朋友和鄰居，我則擔任送貨司機的角色。我們許多的家庭記憶都與食物有著密不可分的連結。我們討論要將我們的食譜寫成一本食譜書。我聯繫了文學經紀人和出版商，看看他們是否對巴基斯坦食譜有所興趣，但他們拒絕了。巴基斯坦是地球上第五大人口的國家，擁有龐大散居世界各地的人和古老而多樣的烹飪歷史。然而，當我瀏覽書店的書架時，會看到很多關於蜜餞和醃漬的書籍，但沒有一本是關於巴基斯坦料理的書。在我看來，這似乎不僅僅是一種疏忽。廚房後面是一個大客廳，我可以透過窗戶的玻璃看到電視上的閃爍。我打開門，迎接我的是我的母親和姐姐，她們正在看配音成烏爾都語的土耳其連續劇。

「你今天好嗎？」我母親用烏爾都語問我。

「很好，」我用英語回答。這就是我們溝通的方式。她說烏爾都語，我說英語。這是一種典型的輕描淡寫，與我實際目睹的這天不相符。

我們坐下來享用美味的印度香飯晚餐。擺放了四個盤子而不是三個。我們勉強自己笑來相互振作。我們把自己的不愉快留藏在心中，以免增加彼此負擔，我們寧願重溫過去的快樂回憶。

「莎哈蒂出生時非常漂亮，有著明亮的綠色眼睛，白嫩皮膚和紅色頭髮。」我母親說。「當我用嬰兒車推她出門時，人們會在街上攔住我說，『她是半種姓嗎？』」

「媽媽，你是說混血兒嗎？我們現在不會說半種姓了。」我糾正她。

「那是一九七〇年代，那時人們都說半種姓。」我母親澄清道。

我們繼續聊天，互相開玩笑。幽默拯救了我們。在我父親去世後不久，一股令人窒息的寂靜降臨至我們家。我的母親無法在她曾與穆罕默德共享的床上入睡。我們把寢具搬到客廳裡，打地鋪睡了好幾個月。如果有人需要說說話，我們都會傾聽，然後說著同樣有趣的故事，但我們都知道爸爸會把故事說得更好。我們睡了又醒，壓抑的哭聲深深籠罩著我們。當我從墓園開車回家時，有時我會從後視鏡掃視我母親，她的手緊緊地捂住嘴，強忍著哭泣。有一次我聽見她在夜裡叫喊。她在說夢話。「現在是我最需要你的時候。」她低聲說，接著又睡著了，重新回到有他的回憶裡。

「生命真是有趣，對吧？」我一邊洗碗一邊說，格外小心地拿著我姐姐最愛的馬克杯，上面印有班奈狄克．康柏拜區（Benedict Cumberbatch）的臉。

「生命是固執的。」我母親說。「即使發生了你覺得會要了你的命的事，也還是能繼續活下去，這樣很好。我們都需要繼續往前走，帶著其他人與我們一起前進。」她輕輕地拍了拍我的肩膀。

「在監獄工作對你是好的。」姐姐若有所思地說。

「我可不這麼認為。」我反駁。

「你的眼睛又閃閃發光了。」她說，並寬慰地微微笑。

第七章 病史

我的父親穆罕默德．尤薩夫曾在監獄擔任翻譯志工。我很喜歡聽他講述關於這個不為人知的世界中豐富多彩的故事，也想知道那些高牆內的生活是什麼樣子。他談到有可怕刺青的男人和像貓一樣大的老鼠。他也談到那些來自貧困家庭、沒什麼知識的人，他們需要有人協助填寫基本的文書工作。如果他們需要他的幫助，他會全心全意地提供。我父親在經過討錢的街友時，從來沒有一次是不伸進口袋掏出錢的。作為一個年輕人，我曾表示異議地說他們或許會把錢拿去買毒品。他會告誡我不要變得那麼憤世嫉俗。他對我說，能夠幫助別人是一份禮物。

我之所以會成為遊民診所的全科醫生，繼而進入犯罪健康照護領域，其中一個原因是父親所樹立的榜樣。我把他的話牢記在心。我沒有權利嘲笑別人。但我很快了解到，監獄不適合任何有救世主情結的人。醫生不受歡迎。許多人視我們如囚禁他們的機構的一份子，而不是想提供幫助、關懷他人的人。

幾個月後，我通過了「鑰匙傳遞與要求」考試，我可以攜帶鑰匙，並且可以在沒有陪同者的情況下看診以及在監獄四處移動。我懷念有克莉斯和格雷姆可以尋求建議的時光，而今我獨自一人。

當我穿過方院，我會看到海鷗邊叫邊吃著囚犯從窗戶扔下的麵包和泡麵。老鼠、鴿子和海鷗為爭奪食物而大打出手，老鼠總是無所畏懼。囚犯們叫牠們「快克老鼠」。都市傳聞牠們因以監獄下水道的非法毒品為食而發生變異，或許這是真的。許多囚犯體內有藥物殘留——鴉片類藥物、大麻、同化類固醇或精神科藥物，這些會經由排泄進入下水道系統。有時，如果囚犯有被獄警發現的危險時，他們會把毒品包裹沖進馬桶。

我害怕老鼠。當某個身型比我大一倍的囚犯（像是傑米．洛維爾）威脅要砍下我的頭時，我已經不會退縮了。但是，當我看到一隻老鼠在灌木叢下亂竄，我會嚇得半死。我曾在垃圾處理組看過兩隻巨大的老鼠用後腿站立著打鬥，利用牠們的尾巴保持平衡，看起來就像拳擊袋鼠。我感到噁心，但又著迷不已，無法將目光移開。監獄裡的老鼠會在排水管和牆壁上爬行。有個倒楣的囚犯被一陣沙沙聲驚醒，發現一隻大老鼠正在吃他的麥片包，他位在二樓的一間牢房裡，窗戶並沒有用釘子釘死，他為了通風而將窗戶打開了幾公分。最後他不得不臨時用食物串連成一條通往窗戶的通道，引誘大老鼠離開。

「牠就直直盯著我看，醫生。」他告訴我。「就像牠根本沒在怕似的。牠真的是瘋了，一隻真正的快克老鼠，就坐在那裡盯著我看，然後吃我的食物。如果牠跳到我身上，我真的會原地挫賽。我只能像魔笛手（Pied Piper）*那樣放置麵包屑才能把牠弄出我的牢房。我再也不會開窗戶了，我不在乎會有多熱。我丟掉所有食物，用清潔劑把所有東西都擦過一遍。」

我感受著他的懼怕。我們在震驚的沉默中坐了一會兒，不時還會打個冷顫。

除蟲工人是常客。他們把工業用量的毒藥倒入下水道並清除老鼠窩。他們任其屍體腐爛來遏制其他老鼠。死亡的惡臭會從排水溝、廁所和水槽中飄出，那是一種會沾黏在衣服上的臭味，讓我們失去食慾，但老鼠總是會再回來，牠們與海鷗叫聲和巨大白牆共同成為永存的特色。

我們置身在這個專屬的陌異世界裡；一個被鐵絲網包圍的易碎泡泡中。假如我父親還活著，我會告訴他我在監獄裡的經歷——我的母親和姐姐對這些可怕的細節沒太大興趣。我也不想讓他們為我擔心受怕。我無法告訴他們危險距離我有多麼近。

監獄裡沒有足夠的無線對講機供所有醫療人員使用，因為對講機是按照先到先用的原則制定的，而護理師比醫生早一個小時開始工作。我極少拿到附有可靠緊急按鈕的對講機。主管們向我

* 譯註：魔笛手（Pied Piper）：德國民間故事，西元一二八四年，哈梅林小鎮遭逢嚴重鼠患，一名穿著彩衣的魔笛手前來，表示自己若可以解決鼠患，那麼鎮民就要給他一筆優渥的報酬。和鎮民談妥交易後，魔笛手掏出了笛子，用笛聲引誘鎮裡的老鼠掉進河中。

保證，已經有多訂購了。有幾次，當我走在囚室區域時，囚犯會擋住我的去路並盤問關於他們的藥物。在沒有任何緊急按鈕的情況下，我只能靠我的溝通技巧來脫離困境。如果是傑米．洛維爾擋住我的路，我的心會頓時一沉。

「我在請求幫助，但你都不幫我。」傑米大聲怒吼。「我需要普瑞巴林和舒痛停。這個要求很過分嗎？你以為所有的囚犯都在騙，只為了要爽一下。但我是真的，你看不到我的痛苦，你怎麼知道我是在說謊？」

「我正試著幫助你，但我必須遵守國家指導方針，」我溫和地回應。「沒有明確的指示，我不能隨便開藥給你。我必須要很小心，才不會對你造成任何傷害。」

「你們全都一個樣！」傑米大叫並用力戳著我的胸膛。為了面子，我得假裝不痛，但這肢體接觸嚇到我了。

傑米走開了，走到他的一群朋友之間。他們低聲咒罵我，我假裝沒聽見，最好的方式是低著頭繼續走。開啟一場可能迅速升溫的爭吵是沒有意義的。我在他們的地盤上，一定是寡不敵眾，何必樹敵，結果成為眾所之矢？有一位同事的住家地址和車牌號碼在囚犯之間傳閱。他擔心自己和家人的人身安全，於是結束了監獄的工作，他們不得不搬離那個地區。

我真心認為我正在做出改變。我看到病人對自己的身體知之甚少。許多人很早就輟學了。我將它視為一種醫學教育的機會。

「醫生，我們有幾個腎臟？是一個腎臟和兩個肝臟嗎？」

「通常是兩個腎臟和一個肝臟。」我回應。

「醫生，我發現我的舌頭後面有些腫塊，我用剃刀把它們切掉了。那是什麼啊？」

「那是你的味蕾。」

「我的胸口有一個硬塊，我希望這不是癌症。」

「那是你胸腔底部的胸骨柄。我們每個人都有。」

「我在睪丸上發現這些結塊，你能幫我看看嗎？」

「那是你的附睪，這很正常。」

「醫生，我不喜歡水的味道。但我每天都有喝十五杯茶，然後我一直在尿尿。」

「茶是一種利尿劑，會讓你排出水分。盡量把茶和咖啡的量控制在每天不超過四杯。」

「我的陰莖上有一些像疣的東西。我打電話給我的女人，說她把病毒傳染給我。她一定到處亂搞！」

「這個叫陰莖珍珠疹，不是性傳染病感染的——你必須向你的伴侶或前伴侶道個歉。」

我會畫一個人體解剖圖，因為很多男人不知道陰囊是什麼，也不知道他們的「球球」和「球袋」之間的區別。對我來說重要的是不要對他們說教。沒有什麼問題是太愚蠢的，有時候，我需要請教他們來獲得知識。例如，我從一名囚犯那裡學到，原來會陰部稱為「古奇」。怪不得傑米．洛維爾先生在報到處會大發雷霆了。

護理師在監獄裡並不總是受到讚賞。負責分配藥物的護理師和藥技士的工作時間非常有限。通常不會有監獄官員在現場監督那些人的行為。許多人想多點時間在牢房外，他們會去藥物窗口跟護理師索討止痛藥（乙醯胺酚）。止痛藥可以在福利社購買。通常排隊買止痛藥的隊伍和買重要藥物的隊伍一樣長——每週可以賣掉數百盒。這些人會以需要止痛藥作為藉口離開牢房。如果拒絕給囚犯止痛藥，可能會引發大量的咒罵，這些人有時會對工作人員吐口水和潑水杯。

有些護理師特別受到歡迎。如果我想與有榮焉地沾沾光，我會跟布萊恩護理師一起去側翼樓。他是個慈父般的小個頭男人，操著濃濃的約克郡口音，有一頭濃密的白髮。一些囚犯會親切地叫他尤達。他活得很充實，七十三歲的他仍然比少他一半年紀的人更有活力。他的能量補給是香菸和油膩的油炸食物，成天在側翼樓跑來跑去。每天至少一餐要有雞蛋和薯條。

布萊恩和我都對教授醫學和醫學史很有興趣，我喜歡和他聊天。他多年前的許多故事都很可怕，我很慶幸這些做法已經過時了。我猜想，一兩百年後，人們會不會懷著同樣的不安回顧我們現在做的事情。我們把人們送進監獄，期望他們能完成某些進程——然而我們非常清楚，因為資金的缺乏，這是無法做到的。那麼，他們該如何顯示出自己已經改過自新了呢？像A先生那樣的終身囚犯，已經放棄了這個似乎早已放棄他們的體制。這是不人道的。

布萊恩讓我想起我父親，和他一樣，他散發出一種溫暖，吸引著人們到他身邊。布萊恩在十五歲時離開學校，開始在西約克郡里茲的鑄造廠做文書工作。他的父親曾是一名礦工，五〇年代早期在礦坑中受傷。

「他的股骨有兩處骨折。」布萊恩告訴我。「發生了一場災難，人們死了。他們把我父親救了出來，但他再也不能下礦坑了。他在一家醫院的鍋爐間找到一份工作，那是一家有著二千五百張病床的大型精神病院。要知道，那是不太開明的年代，人們習慣稱它們為『瘋人院』。它們過去被稱為『垃圾桶』，因為那是社會把不想要的垃圾丟棄之處。另一邊是一家擁有八百張床位的綜合醫院。有一天，爸爸回家問我是否想要在精神病院工作。於是，我父親的受傷是我最終成為一名護理師的原因。」

布萊恩在十六歲時成為一名見習護理師。醫學生和護理生一起上課，帶著恭敬和緊張的沉默跟著會診醫生在醫院裡走來走去。布萊恩是個聰明的人，可以背誦教科書，有時候，他的知識令醫學生自嘆不如。

「曾經有一位外科主治醫生，他習慣戴假髮。」他繼續說道。「但那不像現今的假髮，比較像是一團地毯黏在他的頭上。有一次，他正在巡房。你還記得那些有著掛勾的點滴架嗎？嗯，他走路經過其中一座，結果他的假髮被勾住了，他就這麼走掉了。天知道他怎麼會沒發現呢，但沒人敢跟他說。我們等到他離開後，把假髮裝進信封裡，拿到他的辦公室，趁他不在時，悄悄地把它放在他桌上。」

「那年代的醫生是一個奇怪的物種；惡劣的混蛋。他們會以羞辱來教導，讓你崩潰到一無所有。我記得當我接下來要教別人時，我絕對不要像那些無知的傢伙一樣。」

當布萊恩十八歲時，他開始為期三年的心理健康培訓，之後又學習了一般護理，並取得這兩項資格證照。在我們走過側翼樓時，我問他是否曾經考慮過成為一名醫生。他告訴我，他上的是一所普通的現代中學，只教授基礎科學。為了申請醫學院，他需要通過三個高級考試以及一個拉丁語的初級考試。他在二十多歲時嘗試過高級考試，但全職工作與撫養年輕家庭使他應接不暇。

「在公立文法學校造就出公平競爭環境之前，來自工人階級的醫生少之又少。」布萊恩說，並沒有因自己失去機會而感到辛酸。

我想起了自己的醫學院生活。我周遭許多學生都來自優渥的家庭。他們的父母其中之一或雙都是醫生是很常見的。許多人都念私立學校，這讓他們充滿信心。當他們說話，他們預期人們會聽；他們的步伐顯得招搖。他們的富裕使他們免於不安全感。遭遇到任何微小的失望和挫折都令他們難以置信——彷彿生命欠了他們什麼似的。他們不知道艱困的人生是什麼樣子。

「如果我們失敗了，」我在醫學院的朋友阿達德曾經說過，「我們會回去掃地。那是一個沒有人能夠接住我們的深淵。如果我被醫學院退學或沒有通過期末試，我就得回到卡地夫與家人同住。不出一週，我就已經開始在我父親的印度餐廳裡當服務生了。」

我相信他。如果我的醫學期末考試沒有通過，合乎邏輯的下一步就是接管我們家的報刊店——每天工作十四小時，每週工作七天，四十年來收入微乎其微——就如同我父母那樣。

當我和布萊恩去側翼樓查看病人時，他察覺到我的不安。醫護人員和監獄官員對我很友善，但囚犯們就是另一回事了。我不願開普瑞巴林和唑匹可隆（zopiclone，一種安眠藥）等鎮定藥物，引起了一些囚犯的不滿。無論我們走到哪裡，大家都會對布萊恩露出燦爛的笑容並稱讚他，對我卻是不發一語。有時人們會和布萊恩笑著開玩笑，但當我試圖融入時，他們會兇狠的盯著我。布萊恩試圖讓我在無法建立融洽關係這部分感覺好過一點。

「我有沒有跟你說過我遇到的第一個病人的事？」他問我。

我搖了搖頭。

「在我血淋淋的第一天，我的鼻子就被一個叫雷蒙的病人給打斷了。」布萊恩說。

「為什麼他要那麼做？」我問。

「雷蒙住在精神病院裡，正如當時所知的，他的心智異常，現在這個稱之為學習障礙。他們派我去難治療的病房，要讓我學個教訓。雷蒙站在那裡，他擋在門口，然後他說『拉贊貝。』我說『什麼？』他說『拉贊貝！』於是我說『別擋路。』他一拳正中我那該死的鼻子。我後來才知道拉贊貝是某個地方的高爾夫球場，那是他的觸發點。你必須要回『喔，那是個好地方』，然後你就沒事了，但我並不知道，沒有人告訴我。」布萊恩說。

我不可置信地搖了搖頭。

「還有另一個名叫約翰的病人，他會整天張開雙臂站在外面。一位護士叫我去把那個小夥子帶進來。於是我叫了他並且說：『約翰，進來吧。』他也狠狠地打了我。看來，他們都叫他耶穌，因為他覺得自己是耶穌基督的第二次降臨。後來我會說，『耶穌，進來吃你的晚餐！』在那之後他對我就沒有意見了。在人們開始信任你之前，你只需要給它時間來成為一張熟悉的面孔。」布萊恩建議道。

以防那一天永遠不會到來，我開始介紹自己是布萊恩的朋友，這有助於融化我從人們身上感受到的冰冷寒意。而我確實是布萊恩的朋友，我盡可能地多去找他，於是我就能聽到他在健康照護長期職業生涯中的種種故事。他的一些奇聞趣事聽起來很痛苦，但那有助於讓我從某種角度看待我自己的工作實踐，這些事總會令我回想起自己為什麼會踏入這個領域的初衷。

我們正在治療一個病患，他的手臂上有打鬥時留下的咬痕，下巴也受傷了。咬痕在監獄裡很常見。我們清洗了他的傷口，讓他打了破傷風疫苗並開了一個療程的抗生素。

「你知道在我年輕的時候，他們是怎麼對付咬人的人的？」布萊恩問他。

「你是老人了；你年輕過嗎，布萊恩？」那人開玩笑說。

「我差不多在你這個年紀時，在一家精神病院工作。如果有咬人的人，他們會把牙齒拔掉，只拔前排門牙，那麼他們就不能咬人了，但他們還有臼齒，所以可以咀嚼。如果他們當中有人會打人或踢人，而且對工作人員有暴力行為或拒絕服藥，他們會被帶去做前額葉切除術（pre-frontal lobotomies）。有數十個人的額葉被切除，像活死人一樣走來走去。在美國，他們過去常常從眼窩插入切斷；在英國，往往是從顳葉下手，也就是在太陽穴那邊打個洞，放進細長的手術刀，進進出出猛戳個幾下。就這樣，變成活死人了。」布萊恩說。

男人的笑容褪去，他看著我，想知道這是不是在開玩笑。我聳了聳肩。我不知道這是不是真的。或許這只是布萊恩講的一個故事，目的是要讓囚犯更加注意自己的行為，或至少感到小小的慶幸，他們人在這裡，而不是身在那個地方。

布萊恩自身的經歷造成他對醫生和醫學深度的不信任。

他甚至沒有在全科診所掛號過。他在網路上買他的藥物。當他填寫最近有沒有看過醫生的問卷時，他總是填有，因為他和醫生一起工作，每天都會看到一個。他沒有說謊。

「一九七四年，當南加州醫生罷工時，我人剛好在那裡，而且，你知道嗎，那時的死亡率下降了百分之二十五。我在某個地方讀到，在以色列，醫生們整整罷工一年，而他們的死亡率下降了百分之七十。[120]這告訴了你什麼？」布萊恩咯咯地笑了。

在他的職業生涯中，有份工作是沙烏地阿拉伯一家戒毒醫院的護理主任職位。他告訴我，那實際上是一座監獄，囚犯有三次戒毒機會，但如果他們第四次又進來，遊戲就結束了。那不像這裡，我們會一次又一次地看到同樣的熟面孔。

「他們會替他們排毒，在星期五的祈禱後，把他們安置在小卡車的後座，載到市場，他們稱之為露天市場（souk）。」布萊恩繼續說下去。「在五十度的高溫下，我必須穿著該死的白色外套、襯衫和領帶坐在王子身邊。他們會砍下他們的頭。這就是他們降低犯罪率的方式；毒品、盜竊、暴力，任何諸如此類的事，他們的犯罪人口都會自動迅速了結。我們的司機里亞茲，是一名太平間技術人員，他曾經負責收集屍體和人頭。我們會回到醫院，他負責把頭縫回去，然後家屬會領走屍體並埋葬。」

我的眼睛睜得超大。

「在囚犯上卡車之前，我會替他們注射煩靜錠，我給他們很大的劑量，讓藥效更快進入他們的體內。他們不會有任何感覺。讓他們可以好好地走。」他說。

布萊恩的人生就是他的工作和家庭。我們是他工作上的家人。他大口吃著隔離單位的獄警為他準備的培根三明治；行政單位的女士們為他烤蛋糕；每當我見到他時，我都會檢查他有沒有吃藥，這是我們對他表達愛的方式。就像我自己的父親一樣，這個人有一種迷人的光環，可以讓他周遭的所有人都散發出光芒，因為他的存在，我從中得到許多安慰。

布萊恩的故事被對講機中傳來的急救呼叫打斷了。我們跑向側翼樓找傑米．洛維爾。他顯然剛打完一場架。他的雙手上都是血跡斑斑的咬痕，想必是他用拳頭猛揍某個人的嘴巴。

「我撞到牆壁了。」他若無其事地說。

「有牙齒的牆壁嗎？別騙我了，傑米。我已經看到另一個傢伙手臂上有咬痕，下巴也受傷了。我猜你們兩個意見不合，然後決定狠狠修理對方一頓？你需要抗生素和破傷風疫苗。」布萊恩邊說邊幫傑米清洗傷口。

就像我和其他囚犯一樣，傑米屈服於布萊恩慈父般的關照，似乎因此而平靜下來，然後他意識到我在房間的另一端，他的肢體語言改變了。

「我不想要他靠近我。」傑米邊說邊朝著我點頭。「他是個狗屁醫生。每個人都叫他免談醫生。」

「Y醫生是目前最好的醫生之一。」布萊恩說，積極地擁護我。「他不知道的事就是不值得知道的事。他還寫過書！」

我差一點臉紅了。獲得布萊恩的支持對我來說意義重大。在醫學院的最後一年，我寫了一本關於醫學記憶術的書，幾年之後又寫了另一本續集。

布萊恩把我叫到他身邊，我檢查了傑米的手。他雙手的掌骨都骨折了。他的指關節已經後收，這又名為拳擊手骨折。[121]他還有拳擊手骨折的舊傷，很難看出他的傷哪些是新的。我把他的手指綁起來固定住，讓骨頭自動癒合。隨著他年齡增長，這些傷會愈來愈難好。

「你想要一本關於拳擊手骨折患者資訊的小冊子嗎？」我沒多想地問，一心只想就他的健康狀況提出建議。

「你知道我不識字。」傑米說，目光牢牢盯著我看。

「唉唷，那就做點什麼啊，你這個愚蠢的傢伙。」布萊恩對他說。「監獄裡有課程可以幫助你學習。你手肘上的那個是什麼？」

「我的手肘很痛，所以我包了幾顆止痛藥在上面，現在覺得好多了。」傑米說。

布萊恩解開繃帶，取出藥片。

「沒有人期望你成為下一個莎士比亞。」他說。「但如果你學會一點閱讀和寫字，你就不用覺得丟臉了。每種藥物都有說明書。如果你看不懂，你就會用痔瘡藥膏來刷牙。口服止痛藥是要用吞的，而不是綁在你的皮膚上，你這個蠢蛋。」

「我老到沒辦法學閱讀和寫字了。我確保我的孩子去上學。我的孫子都能讀書。他們會畫小圖片寫信給我。可愛極了。」傑米驕傲地說。

「你難道不想回信給他們嗎？然後你還可以通過筆試，成為健康好手，和克莉斯一起工作，」我插話道。

傑米沉默了一會兒。我趁這個機會告訴他，我很樂意替他聯絡夏儂信託監獄掃盲慈善機構。

「我自學寫短篇小說。當我感覺來的時候，我就拿起筆開始把東西寫下來，只是現在不像以前寫得那麼多了。你可以從寫詩開始，如果你願意的話，我會看然後給你一些建議。」我說，感覺到他可能會接受。

「然後讓你笑我嗎？」傑米問。

「我為什麼要笑你？我沒這麼殘忍。」我驚訝地回答。

這是第一次，傑米對我微笑了。當布萊恩問他是否願意參加掃盲計劃時，他點點頭。

「他可以逃過打架的懲罰嗎？」我們走回醫療部門時，我問布萊恩。

「不行，他們會把他拖進隔離監牢房再待個二十四小時。你等到他學會讀寫之後，每天應該都會收到他的投訴信。」布萊恩開玩笑地說。

「布萊恩，你看到他手的狀況了？先別管寫投訴了，他會無法拿筆的。」我說。

「他不像他看起來那麼愚蠢。我不能告訴你他的目的是什麼，但我會說這是需要頭腦的——我不知道他在無法讀寫的情況下是怎麼做到的。他夠機靈——只要他願意做的話，他只需要準備好想要學習。」

「布萊恩，你有這麼多故事，監獄裡發生的一切都那麼吸引人。」

「嗯，Y醫生，精神病院裡的所有病歷現今都已經銷毀了，它們只在死後保留三年，或在最後一次接觸健康照護後保存二十年。這是為了資料保護。雷蒙和約翰以及所有那些可憐的前額葉切除的靈魂早已消失並被遺忘，除了這裡。」他指著自己的頭說。

「多麼不幸的失去，所有那些生命，所有那些歷史都被撕成碎片。」我靜靜地說。

我很懊悔沒有記下父親的故事，沒有錄下父親的身影，我該如何保有他的記憶？我對自己許諾要重新開始寫作——只是一些短文——完全匿名。關於罪犯健康照護這段奇異時光的故事——流傳後世。

當我們漫步走過監獄的走廊和過道平台時，布萊恩察覺到我變得沉默寡言。他知道我喜歡複雜的病例，當我們四處巡視時，他常常會提出一個有跡象和症狀的臨床狀態。如果這聽起來很嚴重，我們就會朝那個人走去並進行檢查。

「我這邊有一個病例要給你。」在我們從傑米那邊走回來時，布萊恩說。「C先生，他是個三十歲的紳士，最近剛從另一座監獄移轉過來。非常友善和禮貌。他說他這三個月來大便都很稀，偶爾會有血，但不會痛——沒有痔瘡病史。他覺得他的左側腹部左臀上方那邊有發現到一個腫塊。我做了他的血液檢查，結果顯示他缺鐵。」

「布萊恩，這符合緊急轉診下消化道外科標準了，我們必須排除腸癌風險。我們現在得去看看他！」我驚慌地說。

我們一起衝向C先生的牢房。一名獄警打開牢門，我們看到一個滿身肌肉的年輕人，他看起來氣喘噓噓，大汗淋漓。

他可以看到我們臉上的恐慌，舉起手來安撫我們。

「剛剛做了一組牢房運動：五百下波比跳、五百下仰臥起坐、五百下伏地挺身。」C先生大口喘著氣說道。

「這位是Y醫生。他來檢查你的症狀，他會幫你解決問題的。」布萊恩和善地說。

C先生提供給我的每個細節都符合直腸癌的標準。[122]他唯一沒有的症狀是體重減輕，但這可能是因為他的運動方式和攝取大量的蛋白質，他的牢房裡堆滿大量的魚罐頭和高蛋白奶昔。我做了檢查，他的左側腹部確實有一個令人擔憂的腫塊，這可能是癌症。但他禮貌地婉拒了肛門指診，那可以讓我觸摸到任何腫塊。

「不，醫生，沒有不尊重的意思，但我不是那種風格，我是單行道，你懂我意思嗎？」他帶著濃重的倫敦口音說。我想知道他在遠離家鄉的中部地區做什麼。

「聽著，我必須跟你說我很擔心，」我說。「你的症狀和血液檢查結果都不正常——你的鐵含量很低，這可能是因為你的直腸出血。我們需要做其他的血液檢查，我想我最好把你轉診去外部醫院診斷排除直腸腫瘤。你也知道，這裡是監獄，我們不能跟你說醫院的預約日期及時間，因為過去曾有囚犯試圖安排越獄。但我會盡快安排你在未來兩週內去醫院看病。」

C先生點點頭，緩慢地消化這些資訊。

「如果你的症狀惡化，如果你的直腸大量出血並且感到虛弱和顫抖，按下你的牢房鈴。」我指著牆上的按鈕說。牢房鈴是讓囚犯用來呼叫獄警的，而且應該在幾分鐘內會得到回應。

「獄警不會理牢房按鈴的。」C先生小聲地說。他坐在床上，雙手撐著頭。

「如果你同意的話，我們可以告訴獄警你有狀況。」布萊恩說。「我們不會透露醫療機密，也不會跟他們說任何細節，但我們可以說你是重要優先照護。如果你按下牢房鈴，他們會立刻打電話給醫療部門，好嗎？」

C先生點點頭，但他的鬥志已經不見了。

「我在上一所監獄就告訴他們身體不太對勁。我跟他們說了，他們就是不理我。我知道我的身體。我在外面是個健身教練，我有我的生活，有一個女朋友，還有個即將出生的孩子。我該怎麼告訴他們我可能得了癌症？我不想死在監獄裡。我的孩子怎麼辦？我甚至還不知道是男孩還是女孩。萬一我見不到我的小孩，他也沒機會認識我，那對他而言，我只不過是一張照片。」C先生低聲地喃喃低語，突然間整個人氣勢都沒了。

「我每週都會安排你到我的診間看診，同一時間、同一地點。」我說。「如果是因為沒有獄警可以帶你到門診部來找我，你不用擔心，我會來找你。我知道說比做簡單，但是交給我們來為你操心，我們會好好照顧你的。」

「你會是我的醫生嗎？我的意思是，我不想每次去醫療部門時都要看到不同人，然後必須從頭再說一次這些事。」

「是的，我是你的醫生。如果你有任何問題，就說要找Y醫生。」我向他保證。

第八章 黑眼星期五

星期五是康匣日，人們會收到上週訂購的商品。[123]同時也是解決債務的時刻，意味著免不了的打鬥，在看診預約病患之間，會有源源不絕的傷患穿插進來需要處理，其中一些人是頭部受傷和牙齒斷掉，因此，我與牙科團隊會密切合作。在六月這個特別晴朗的星期五，我和我的牙科護理師朋友海倫走進監獄。海倫定期更換她的髮色，今天是棉花糖粉紅色，在面臨即將忙碌的一天之前，這總是令我很開心。我和她聊到C先生，那個三十歲的人疑似有直腸腫瘤。他之前要求牙科治療，但他同時有貧血，最好先暫緩可能導致進一步失血的非必要治療。

「他才三十歲。萬一是直腸癌呢？」海倫問。

「那他需要進一步檢驗、化療，可能還得動手術，」我說，試著不讓情緒太激動。

「可憐的傢伙，難以想像他要在這裡經歷這一切。」海倫說。

海倫除了在監獄裡的工作外，還在社區中與特殊照護患者、牙科恐懼症患者和自閉症兒童接觸。海倫為唇裂和顎裂的嬰兒製作微型假牙，以便他們能夠進食。她努力以同樣的勤奮認真照顧囚犯。海倫是我見過最善良、最善解人意的人之一。她在五十多歲時接受培訓，成為一名認證的心理諮商師，我們有著密切的情誼，因為我們都熱愛美食、美食與更多的美食。

我們也對於如何對待囚犯這方面看法一致，並且常常討論我們對於罪犯健康照護的共同願景。許多在獄中的人都自尊低下。你可以從他們的神情舉止看出他們對於被不公平對待早已認命了。他們駝著背、帶著卑微的目光接觸，拖著腳走進診間。他們可能已經等了很長一段時間才能見到我們，因為長期人手不足，監獄中的牙科和全科醫生的等候名單總是很長。當他們終於見到我們時，就好像他們等著我們說出「誰管你們等多久啊，你們根本不配擁有尊嚴和尊重。」當我們沒有這麼做時，他們非常驚訝，但他們的防備心需要時間來解凍。許多人都有可怕的成長經歷，通常是在寄養家庭，因此，他們可能會表現出虛張聲勢和敵對的模樣，因為這是一個充滿暴力和威脅的環境，他們不想被視為軟弱及脆弱。

海倫和我試著以關懷來與這些人相處。我設法說服了典獄長在寒冷的天氣裡打開暖氣，無論在任何季節，都要隨之因應外面的情況。海倫已經安排「終身囚犯」A先生裝上一副新假牙。這些最簡單的事情，可以對人們產生極大影響。有些人說因為牙齒的關係，他們已經很多年沒笑了，當他們說話或把手從臉上移開時，他們會把上唇往下壓。能夠好好地笑帶給他們信心，這代表著他們在出獄後更有機會申請到工作，而一份工作可能代表著一個新的開始以及更好的人生。

在這個星期五，當海倫和我一同步入監獄時，我們都陷入沉默。我們注意到這些人異常寂靜，但我們倆都太迷信了，不敢說出安靜這個字。總是這樣的，如果有人說出好安靜，有片刻的喘息，一旦說出這個字就會引起一場混亂的騷動。今天早上，這些幾乎無所不在的叫喊聲和敲打聲都消失了，這通常是一個徵兆，代表監獄裡正在「翻湧」，正在計劃一些大事，像是襲擊一名獄警或企圖越獄。沉默令人深感不安。

這個嘈雜地方的聲音通常會分散氣味，就好像我們的感官無法同時接收到所有東西一樣。少了一千名充滿沮喪和憤怒之人所發出的雷鳴般聲響，我注意到了強烈的污水味，周遭地面噴滿了糞便。鄰近射擊場的槍聲不時打斷了遠處農機的嗡嗡聲。我們雙雙看向環繞著監獄的白色大牆，在金色的光芒下，隱約看見遠方田野的樹梢。農務活動驚擾了海鷗和鴿子，牠們沒有足夠的信心俯衝下來掠取囚犯丟下的廚餘，食物爛在方庭。我們靜靜地站了一會兒，聆聽。沉默從來不是個好徵兆，它含有驚訝的元素，不知道接下來會發生什麼。

「剛開始在監獄工作的前幾週，我覺得一切都非常難以承受。」那時海倫告訴我。「是噪音，人們的叫喊和沉重的氛圍。對講機每隔幾秒鐘就會發出刺耳的聲音，警報聲在走廊上迴盪，這都令我很緊張。第一天工作時，有人在牙科診所下方的牢房裡敲打管道，我無法集中注意力。我處於高度警戒狀態，每一個噪聲、每一道巨響都會讓我跳起來。我大約花了六個月時間才適應這裡。」

我已經在這裡工作了四個月。監獄環境的新鮮感已開始褪去，但我可以想見這絕對不會成為習以為常。

「Y醫生，今天不要單獨去側翼樓，感覺有些不對勁。要確定你隨時都在喊得到同事的距離內。」海倫警告我。我們倆都沒有帶無線對講機。

我們穿過凌亂的方庭，爬上樓梯來到門診候診室的外部入口，入口後方就是通往我們診間的走廊。我們現在可以聽到吼叫聲和推倒家具的喧鬧聲了，我們面面相覷，明白了為什麼監獄裡這麼安靜——一場打鬥正在上演。一位臉色慌張的獄警出現在門口，把我們帶進去。整個地上都是血，牆上濺得更多。護理師正在照護六名坐或躺在地板上的傷患。這場打鬥顯然是大規模的，椅子被當作武器。一大群獄警正忙著將兩組囚犯分開，其中一名捲入這場騷動的人是傑米．洛維爾先生。儘管過去幾週似乎有取得一些進展，但只要有麻煩產生，洛維爾先生不知為何總會捲入其中，我一點都不感到意外。

「Y醫生，海倫，這裡需要你們。」格雷姆喊道。我甚至連外套都來不及脫，就跪在格雷姆正在照顧的病人旁邊，他是個年長的男人，臉色蒼白，渾身濕漉漉，額頭上全是汗珠，但我看不出他身上有任何傷痕。格雷姆跟我說明最新情況。這名男子六十歲，患有高血壓和糖尿病，但一直沒有服藥。他走進候診室，目睹了大屠殺而倒下。

「我不喜歡看到血，」那人解釋道。

「格雷姆，他受到驚嚇。」我說。「先觀察他的血壓和血糖，如果血糖過低，讓他喝點含糖的茶，二十分鐘後再監測看看，如果有任何問題再回來找我。」

「醫生，你可以過來看一下這個人嗎？」一名獄警喊道，他招手叫我過去看看洛維爾先生，他的嘴巴湧出大量的血，鮮血浸透了上衣。其他獄警正在制止另一個大塊頭，他的拳頭上沾滿鮮血，還在對著洛維爾先生威脅大喊。

「我不要怪醫杜立德！」在我走近時，他咬著牙嘶聲說。

「囚犯們打起來了，他們掄起彼此的頭去撞牆，然後護理師呼叫了紅色代碼，我們趕過來把他們分開。」獄警上氣不接下氣地告訴我。

「洛維爾先生，讓我看看你的嘴巴。」我說。

洛維爾先生吐出某個東西，它落在我腳邊，是一顆牙齒。他的前排門牙大部分都掉了。海倫彎下腰，用乾淨的手帕把牙齒撿起來；她在血跡斑斑的地板上找到更多的牙齒，小心翼翼地處理它們，尤其是裸露的牙根。她要了一杯牛奶，當牛奶送來時，她輕輕地把牙齒放進去，它們在液體中打轉，留下覆盆子色的血絲。

我挑起眉頭看向她。

「牛奶可以暫時保存牙齒，因此我們可以試著再把它接回去。」海倫解釋。「牛奶可以延長它的時間，因為內含鈣，而且可以保持在一個比較無菌的狀態，但不能保證是否有用，我們會試著把牙齒接回去，一開始先用夾板固定，看看能不能救回來。」

洛維爾先生被帶到牙科診間，海倫協助牙醫凱蒂試圖挽救他的笑容。我協助其他護理師照顧其他人的傷勢。史蒂芬、克莉斯、格雷姆和布萊恩和我縫合傷口，我開了抗生素來預防感染。

這些人坦率地承認，他們計劃要教訓傑米．洛維爾，因為他總是拒絕還錢。他們決定把他的牙齒敲掉，他們用裝滿鮪魚罐頭的襪子打他。他們是怎麼把武器偷運到健康照護單位的，這點令我感到擔憂和訝異。洛維爾的反擊能力超出他們所預期，他充分利用了候診室的傢俱。這是一場血腥殘酷的暴力旋風，每個人都受傷了。

一旦其餘的人都治療完畢，獄警們把他們帶到隔離室。海倫呼叫我到牙醫診間，洛維爾先生坐在牙科診療椅上，凱蒂正在診斷他。

「我想他的下巴骨折了，Y醫生，你能看看嗎？」凱蒂問道。

我走近洛維爾先生。他的臉上沾滿了乾涸的血跡，雙眼的瘀青正在成形，耳朵正前方腫脹，那裡正是上顎與下顎的接合處。當他張嘴和閉嘴時，我感覺到鬆脫的喀噠聲。他的下巴脫臼了。

「你需要去外面的醫院動手術。」我說。

「操他媽的。」洛維爾先生邊罵邊吐出一大坨血塊。

「如果你不修復你的下巴，你會無法正常進食或說話；這只會變得更糟。」我說。

洛維爾先生聳了聳他寬大的肩膀。他說那些人幫了他一個忙，他們把他的牙齒都打掉了，反正都已經爛了。他歸咎於他的生活方式、毒品和成長歷程。他的父母不在乎牙齒，他從未看過牙醫，儘管身上佈滿刺青，還注射了同化類固醇，他說他非常怕針。他想要昂貴的純金植牙，就像他的朋友在土耳其做的那種。如果不是黃金，他會勉強接受陶瓷貼片。他說他對監獄感到失望，沒有保護他免於攻擊，除非我們給他想要的東西，否則他會起訴。海倫開始用她輕柔的聲音和他說話。她沒有說出任何我不會說的話，但或許是她傳達的溫柔觸動了他。

每當我見到洛維爾先生時，我會立刻變得緊張不安，預期會有一連串的辱罵。有一次，在過道上，當他用側翼樓的電話打回家時，我剛好經過。他似乎正在跟一個孩子說話，因為他的聲音非常輕柔，他問孩子是否有表現很乖並且有好好寫作業。他說，爺爺很快就會回家了。當我從他身邊經過時，我們一直保持著眼神接觸，因為我不相信他不會擋住我的路。他三十八歲——只比我大幾歲——但他已經是個祖父了。在他面前我覺得自己像個男孩。無論我多麼努力掩飾，他都能看出我對他的矛盾心態。

海倫一直是一位出色的溝通者，但自從成為諮商師之後，她的傾聽技巧更是大大提升。洛維爾先生可以看出她積極傾聽他說話，並且充分地與他互動。她讓他覺得這是屬於他的時間、他的空間，他開始卸下防備。

彷彿是海倫走進了他的世界。屏障被輕輕打破，他粗暴的外在表象褪去。當我和他說話時，他甚至對我微笑，一抹空洞的、露出牙齦的笑。他以一種我之前不知道的方式與我們交流。我必須坦誠地說，我覺得他總是會刻意試圖恐嚇我，每當我見到他時，我的心總是頓時一沉。當他向我道歉時，我感到很驚訝。我們都感到被聽見了。然後他告訴我，他採納了我的建議，並參加了夏儂信託監獄掃盲計劃。他已經開始寫簡單的詩，並說他會拿一些給我看。我非常高興地握住他受傷的手，他痛得縮了回去。

「叫我傑米吧，洛維爾先生是我爸爸。」他說。

這感覺像是一次重大的突破。

傑米同意去外面的醫院修復他的下巴。我聯繫了當地醫院值班的顎面外科醫生，他說他們會立即安排。我通知了格雷姆，格雷姆又通知了管理監獄輪班的資深官員，他們稱他為維克多一號。由於傑米對他人的威脅程度，需要四名魁梧的獄警護送他去醫院。他們將他戴上沉重的手銬和鐵鍊，然後其中兩人再將它們銬在自己身上。他們帶著我的介紹信一同擠在計程車後座。我們都對傑米的聽從和禮貌感到驚訝。我暗自猜想這會持續多久。畢竟，他仍然很有可能會改變主意，擅自決定出院，然後回來要求一副金牙。

後來，在診間忙碌了一上午之後，海倫和我終於坐下來吃午餐。無論工作多麼忙碌，我們總是確保與朋友和同事們共進午餐。在這個異常的環境中，這是讓自己感到踏實並感到「正常」的時刻。海倫和我輪流端來起司和開胃菜，並在彼此的盤子裡分裝美味的食物。一些朋友抱怨我們的拱佐諾拉藍紋起司三明治的味道，還吐出我們給他們的芥末豌豆，但對海倫和我自己來說，這可是一天中最棒的部分。我問她是如何設法與傑米建立良好關係的。

她解釋說，有些人態度很差，他們不聽別人的、也不與別人溝通。或許這不是世界末日，但很少有人每天上班都要承受言語暴力。如果人們用他們的語言特別辱罵她，她會說，「馬上停止。你不能對我、或對牙醫這樣說話！」大部分的人會立刻道歉，但海倫花了一段時間才能問心無愧的挑戰他們。我們當然都認知到我們擁有穩定與愛的支持的優勢。這些人習慣於用充滿咒罵的語言與其他囚犯交談，有時需要提醒他們一下，這裡是我們專業的工作環境。

有些人可能會對我們很暴躁和粗魯。我們理解痛苦和挫折會讓任何人變得好鬥，而我們應該做的就是保持冷靜。海倫說，在治療期間，有些人會伸手抓住凱蒂。當我在縫合時，他們也是這麼對我，這對大家來說都很危險，特別是牽涉到鋒利的器械時。海倫已經在監獄裡工作了近二十年，遇過讓她感到不安的人屈指可數，但這些人會瞬間讓她想起自己身在何處。她和我一樣，會留意著出口，以防萬一。

「如果我感到一丁點疼痛，我會把妳們倆打到鼻青臉腫！」有個人在看牙時出言威脅。海倫震驚到立刻終止治療。當他拒絕離開診間，海倫和凱蒂迅速離開，並按下走廊上的緊急警報器。當獄警趕到將這個人帶走時，他假裝這只是個玩笑。但當他被拖到走廊時，他做出手指劃過喉嚨的手勢，以一種明顯不爽的表情瞪著她們。

「這份工作就是，你要嘛很快跑得遠遠的，要嘛就會留下來。」海倫說。「它所帶來的挑戰和鼓舞勝過任何恐懼。」我也有同感。

我們倆都喜歡這一事實，即可能有百分之九十的時間我們都不知道這些人犯了什麼罪行。不知道他們做過什麼減輕了我們的判斷負擔，我們得以對他們一視同仁。有時候，人們會自發性說出他們做過的事，特別是如果這是個較輕的罪行或他們堅持自己的清白時，即使這顯然是妄想，但聽聽他們那一方的說法也很有趣。

海倫不會問任何人為什麼入獄，因為她說，這根本不關她的事。也因為她親愛的弟弟在二十出頭歲時被一個酒駕司機撞死了，如果有人說他們「單純」因交通違規而入獄，她會立刻發怒。我們也是人，意思是，我們一定知道，如果我們真的很厭惡他們所做的事，我們可能會怎麼對待他們，所以，最好不要問。

「曾經有個男牙醫在另一所監獄工作，他總是問那些人他們做了什麼。」海倫平靜地說。「如果是暴力犯罪或是跟性有關的罪行，他會用較少的麻醉劑，造成更多的痛苦——這是完全不專業的。我立刻舉報他，後來他被革職了。」

我不由自主地打了個冷顫。

「我認為我們，更確切地說，是妳，突破了傑米的心防。我一直覺得他很難相處。他叫我免談醫生、杜立德醫生、死亡醫生，這實在不怎麼討喜。」我說，只是盡量讓我的聲音不帶有失望。

她笑了。「在你今天來牙科診間之前，他對你的衣服不是很滿意。他說你穿得好像去搶劫流浪漢一樣，他問你是不是去撿垃圾。」

「那個失禮的討厭鬼！這些都是復古衣服，海倫，我很用心……」我開始反駁，但後來我也不得不笑出來。傑米被毆打得半死，就算下巴都斷了，他還是注意到我的服裝，進一步覺得我，很可笑。我給人留下了某種印象。原來，不要那麼嚴肅對待自己竟出奇地感到自在。

第九章　隔離

隔離單位已更名為照護和分離單位（Care and Separation Unit，CSU），但每個人仍稱其為隔離單位或隔離區。囚犯可能是因為打架、破壞公物或被發現持有毒品、酒精或違禁品等等違反監獄規則而來到這裡，或者，他們可能會為了保護自身安全而選擇隔離。這些通常都是短期停留，但有些人會在這裡待上數週或數個月，典獄長每十四天會進行一次審查。[124]

隔離區感覺就像個真實的心理健康單位。在我看來，這只比把一個麻煩人物綁在村莊邊緣的大樹上然後走開好上一點點。急性心理健康服務存在著危機，意思是社區中總是有大量的心理健康患者在等床位。[125]自二〇一〇年以來，即便需要大幅增加，社區心理健康病床數量已減少了百分之二十五。[126]這一切代表著我工作中最困難的部分是鑑定出某個人不應該待在監獄裡，但他卻無處可去。

聯合國於二〇一一年呼籲禁止長期單獨監禁。[127]單獨監禁的心理傷害有著大量記載，[128]特別危及那些原本就患有精神疾病的人。[129]將任何人轉移至隔離單位之前，都需要簽署一份文件表格確認他們「適合」該單位。文件中列出了身體、心理或藥物濫用問題——這會排除掉多數隔離單位的人口。[130]世界衛生組織和聯合國人權事務高級專員辦事處認為，[131]由醫生證明某人適合單獨監禁這件事是不人道的。[132]我堅決拒絕簽署任何人「適合」進行隔離的任何流程文件——我的主要職責是促進患者的健康和安全。

隔離單位遵循「基本」制度，沒有電視或熱水壺，也沒有像健身房等等的額外特權。這些人一天中有二十三小時關在一個小牢房裡，每天只有一個小時可以打電話、洗澡或使用活動場地，那是一個長滿雜草和菸蒂的圍牆花園。囚犯們會不斷地抽菸，直到他們把菸都抽光了，然後他們會抽白紙。隔離區書櫃上的書頁都被撕下，甚至連聖經都被燒成聖煙了。

由於極度無聊和心理健康問題，怪不得囚犯要求定期服用安眠藥。少了藥物，沒有人能好好入睡，因為一些有精神狀況的囚犯整晚都在叫嚷和敲門。食物直接送到囚犯手中，他們在牢房裡吃飯。他們唯一的訪客主要為獄警和典獄長，有時還有外部法官或法律團隊、牧師、每天固定巡訪的護理師，每週三次醫生會把頭探入這個人間地獄的小角落，詢問他們都還好嗎。總覺得這是個毫無意義的問題。

In-reach心理健康團隊護理師迪恩請我評估一名特別麻煩的人，他被轉到隔離單位。S先生最近剛到監獄，迪恩覺得他不適合待在隔離區。但，一如既往，住院部沒有空床。他是一名高觀護囚犯，最初被安排在VP單位，但他日夜都吵得不可開交，其他高觀護囚犯無法入睡，還威脅要殺了他。為了他自身安全，他一直被鎖在VP單位的牢房裡。就他的情況來說，轉移到隔離區並沒有太大的變化。

我得知，S先生曾經因「肚子痛」去了急診室，並要求直腸檢查，然後他指控醫護人員侵犯他。他表現得像個不知所措的小男孩，說他需要一個擁抱，接著撫摸工作人員。S先生還會透過他的玩偶賓基熊與人交談。我站在他隔離區的牢房門外，正和獄警說話，這時，他削瘦的手臂出現了，末端掛著玩偶，在角落偷看。我從賓基熊的玻璃眼珠中看見自己的倒影；我被困在幽暗的中心，周圍是一圈熾熱的琥珀色。另一隻眼珠已經被拉出來，連著破爛的線掛在空洞的眼窩上。賓基熊有一個被嚼過的塑膠鼻子和一個撕裂的笑容，他的灰毛髒兮兮又光禿禿的。他從牢房門口用一隻破舊的手掌對我揮手。

「我是賓基熊，你願意做我的朋友嗎？」賓基熊用尖銳的高音問我。

「我是來看S先生的。」我小心翼翼地回應。我已經開始對這情況感到不安了。

「他在我這裡。」賓基熊說，並用他的手掌向我招手。

「S先生，背靠牆。」W警官命令道。

W警官也被稱為銀背警官，理由很簡單，就像大猩猩一樣，他又巨大又多毛。他的臉被鬍鬚遮住，幾乎是從他的眼睛下方開始，很難看出他有沒有在笑。他不喜歡熱，這是一個炎熱的七月天，他的眼睛下方有著發炎的紅斑。他驚人的外表通常不會阻止獄警們跟他開玩笑。但今天，酷熱的天氣，加上S先生的特殊案例，似乎不是鬧著玩的好日子。

W警官、戒護主管戈茲和第三名獄警進入了牢房，我尾隨在後。

S先生是一個六十多歲的瘦小男人。當他把賓基熊拿到臉上時，他白色的鬍渣沙沙作響。儘管他全身上下只穿著成人尿布以及右手拿著賓基熊，但他還是在流汗。他佈滿皺紋的皮膚閃亮亮的，身上陳舊的傷疤讓他看起來像隻蟾蜍。他的衣服放在床邊的兩個透明袋子裡：正面印有可愛動物的毛衣、顏色鮮豔的褲子，還有看起來像小丑的衣服。

儘管夏日炎炎，他還是瑟瑟發抖，我當下的念頭是過去檢查他的體溫，但因為知道了他的歷史阻止了我去碰觸他。一名獄警透露，他是一名暴力戀童癖者，我真希望我不知道這件事，因為我的腦海中立刻出現了阻礙，我忍不住用那黑暗濾鏡看他所做的一切，這令我感到噁心。他在監獄裡服了很長刑期，完成了所有性犯罪者輔導課程，最終被視為已經改過自新並且獲釋。不出幾週，他因參加兒童聚會而違反自由條款，因此又被召回監獄，他被判處終身禁止與兒童有任何接觸，也不得擁有動物。要客觀公正並帶著同理對待他是很困難的，但我不得不嘗試。

我不確定他為什麼自己不穿衣服，除非他在等人來幫他。不論有沒有穿上他那幼稚的衣裝，他給人的印象是一個長得過大的幼兒。我想像他的發育不全是因為童年時期缺乏營養。他的胸壁變形，肋骨之前斷過（我光要想是如何造成的就覺得害怕），在一團混亂的疏忽中痊癒。他很瘦，腹部內凹，髖骨突出。他的大眼睛讓我聯想到賓基熊玻璃珠般的凝視。S先生正仔細打量我，正如我在打量他一樣。他沒有眨眼。

「這是醫生。他會帶我們回家。」賓基熊對著S先生低語。

S先生的腹語術很差，當他在說話時，他把賓基熊握在嘴巴前面。

S先生也對著賓基熊磨破的耳朵耳語，我看著S先生的手指輕撫著布偶的嘴巴。

「他想知道們什麼時候可以回家？」賓基熊用孩子般的聲音問道。

「你還會跟我們一起待一陣子。你違反了自由條款，意思是你要被還押，一直到你出庭為止。」我說。

賓基熊回應了，但我很難聽到他的聲音。隔離單位是監獄中最吵鬧的地方，尖叫聲和哭聲像雷鳴般的烏雲籠罩著。最引人注目的囚犯——極端暴力者、戒斷者、白人至上主義分子、伊斯蘭極端主義分子——都關押在相鄰的牢房中，這形成了一股獨特的緊張氛圍。每個人成天都對著其他人吼叫威脅。

「他們都對我們很兇。」賓基熊說，S先生指了指四面牆外的人，嘴角垂了下來。

迪恩請我完成對S先生做的學習障礙評估，看看他是否需要額外的幫助，因為他似乎連最基本的需求都無法做到。接著要與職能治療師討論社會照護方案，看看他是否需要有人協助他進食及穿衣。我希望與他建立起信任，這麼一來，他就會放下賓基熊，我們可以直接對話。

「S先生，你為什麼不把賓基熊放在床上，那我們就可以說話了。」我說。

「他喜歡我把手放在他身上。」S先生回。

「可憐的賓基熊。」戈茲嘆了口氣。

「他對他以前做過的事感到非常抱歉，他只是想要回家。」賓基熊轉向S先生說。

S先生的臉皺成一團。他開始哭泣，接著嚎啕大哭。眼淚順著他的臉龐流下，他拿賓基熊擦拭淚水。他步履蹣跚地朝向我走了幾步，張開雙臂，好像要擁抱我。在任何其他情況下，我可能會讓他抱我，但獄警們對我示意不要靠近他。

「不要太靠近！」W警官大聲喝斥他。

「對不起。」S先生啜泣著，用空著的手開始用力呼自己巴掌。

三名警官全都面無表情，他們的肢體語言散發著一股蠻力。S先生愈是情緒激動，警官們就愈不動聲色，彷彿隨時準備要撲上去。儘管有著種種顧忌，我仍然對他負有道德上的責任。我走上前並清了清喉嚨。

「S先生。」我開始說話。

「對著熊說！」他尖叫，口水順著沒刮鬍子的下巴流下來。

我聽從地轉移視線。

「賓基熊，我是來幫助S先生的。我需要確定我們有提供一切你們所需要的幫助。」我說。

「每個人都很壞，」賓基熊小小聲說。

「我看得出來你很不高興。還是你希望我等你好一點的時候再過來？」我問。我已經走向門口了。警方拘留所的記錄記載了S先生住進心理健康單位，接著是遊民和長期入獄的經歷。他需要適應環境，我會晚些時候再回來。

「你不要把手指插進我的屁眼裡嗎？」S先生沖著我吼。

我停下腳步轉向他。這一次他不是透過賓基熊說話。低沉沙啞的聲音取代了高聲尖銳的叫聲，語氣中滿是尖酸刻薄。

「你還沒問我為什麼要穿尿布。」S先生憤怒地低語。

我好不容易能夠開口說話。「為什麼？」我問。

「因為像你這樣的醫生都會把手指戳進不該戳的地方。」他尖叫道。

「醫生，不要理他。」戈茲說。

「至少我有說對不起。沒有人跟我說對不起！」S先生嗚咽著。他骨瘦如柴的手臂因憤怒而彎曲，他的嘴唇往內縮，蓋住碎裂變色的牙齒。

「S先生，我們決定把你安置在隔離區是為了要保護你。我們正試著要幫助你。」我說。

「滾開！」S先生大喊，然後他的嘴唇扭曲成一個狡詐的微笑。甩掉扮演受害者的詭計就像甩開賓基熊一樣容易。

「好吧。」我直接說，感激能夠暫時離開那裡。「下次見。」

「他看起來還不錯。」戈茲在我們身後鎖上牢房門時輕聲說。

我停頓了一下，找尋合適的用詞。「他確實是一個複雜的老先生，我認為他需要接受精神科醫生的評估。」我這麼提議。

「你們這些醫生就喜歡語帶保留。」W警官說，接著帶我去隔離區辦公室。

辦公室裡滿是雜誌，封面上都是古銅色的男人和女人，肌肉鼓起、青筋爆出、曬成小麥膚色的臉和燦爛的潔白笑容。警官們吃大量的蛋白質，隨時準備去健身房，公平地說，他們需要強健的體格才能勝任這份工作。自從成為醫生以來，我一直忽視自己。我總是太疲累了，或至少這是我給自己找的藉口。然而，自從來到監獄工作，我對開闊的空間有了新的體認，我開始跑步是為了感受那份自由，結果我變得更瘦了，還長出鉛筆頸。我開玩笑說我都懶得提筆了，警官們好心指著我的頭說，我用的是最重要的肌肉。

大多數獄警都有軍事背景。他們以軍事行動般地精確度管理隔離單位。每個囚犯都必須單獨上鎖和解鎖，無論是提供餐點、洗澡、打電話還是在院子裡運動。他們禁止見面，這需要令人讚嘆的配置安排才能把他們隔開。我坐在壁掛式白板旁邊，上面寫著每個囚犯的牢房位置、姓名和編號。在隔離單位，兩層樓有二十間牢房，有些牢房無法使用，因為囚犯打破了水槽，堵塞了馬桶，牢房都淹水了。他們在牆上敲洞，從插座中拔出電線。修繕部門每週都需要修理牢房。

有時囚犯會發起「穢物示威」，也就是所謂的「上色」，把糞便塗在自己身上或牆上，這是一種外化挫折和創傷的方式。他們當中許多人已經依據一九八三年《精神衛生法》第四十七條進行分類，並正等待有空床可使用時，從監獄轉至社區心理健康單位。[133]官員們盡了最大努力，但他們沒有受過這方面的醫學培訓——這些病人不應該被關在監獄裡。一旦有一名囚犯開始穢物示威，就需要加以制止，因為這是一種生物危害，而且總是擔心其他囚犯可能會仿效。同時發生兩三起穢物示威活動是很常見的。

獄警們告訴我，穢物示威最初是在北愛爾蘭的梅茲監獄中聲名大噪的，那是動亂時期。[134]囚犯發起穢物示威的原因有很多，其中之一就是打擊官員士氣。梅茲監獄裡的獄警把穢物示威的囚犯從他們自己的牢房中拖出來並與其他囚犯交換。雖然抗議者幾乎可以忍受坐在自己的穢物中，但他們厭惡坐在別人的屎尿裡。這不是我親眼目睹的做法。

「來杯好茶吧，醫生，」戈茲說，遞給我一杯茶。

絕大多數官員總是對醫護人員很保護及友善。官員們經常會給我卡士達餅乾和巧克力波旁夾心餅，但今天我禮貌地拒絕了。

「謝謝，但我正在禁食，現在是齋戒月。」我說。

「你不能喝東西嗎？連水都不行？」戈茲難以置信地問。

「連水都不行。」我回。

伊斯蘭教是一種生活上的實踐。光是說你有同理心是不夠的——你必須證明這一點。每年，有一個月的時間，穆斯林都要經歷從日出到日落的飢餓。伊斯蘭教的月份遵循農曆，意思是齋戒月可以在冬日進行較短的齋戒，也可以是夏日進行接近二十小時的齋戒。在那些漫長的夏日裡，要維持禁食很困難，但這是必然的事，而當我從一個緊急情況奔波到另一個緊急情況時，時間過得很快。

藥技士納迪姆和我曾一度是健康照護部門僅有的兩名穆斯林職員。如果我們沒有工作過度，在典獄長的允許下，我們會參加監獄裡星期五的禮拜。我們謹慎地坐在囚犯教徒的最邊緣，把鑰匙藏在衣服下面，就像穆斯林獄警所做的一樣。在我父親去世後，我憤怒得無法抬頭望天。我猶豫了幾個月才去清真寺參加群眾禮拜。當伊瑪目宣講神聖的良善、仁慈與正義時，我會低頭看著印有圖案的禮拜毯，避免目光接觸。那些話語和情感都太崇高了，與我的個人經歷大相逕庭。

即使是現在，有納迪姆在我身邊，每當伊瑪目佈道時，我都會習慣性地用手指在禮拜毯上描著圖案。一位伊瑪目說，人們就像螞蟻一樣，在美麗的地毯上爬行，卻不懂欣賞複雜的設計。也許有一天我會獲得一些想法，理解更大的圖景、神聖的模式，以及為什麼壞事會發生在好人身上。在我父親去世後的一段時期，許多家人和朋友疏遠了我們——彷彿我們是不潔或不幸的，這可能會以某種方式傳染給他們。他們都自認為自己是虔誠的好人。另一方面，我很多朋友都是無神論者，我知道信奉宗教與成為一個好人或有道德的人沒有任何關係。VP單位進一步證明了這個事實——它容納了所有信仰的神職人員。

納迪姆是虔誠的，同時也深具道德和倫理。有一次一位護理師走進我的房間，看到我們倆擠在我的電腦螢幕前，一開始她擔心是不是工作上出了什麼事，但當她意識到在齋戒月期間，我們看著漢堡和速食照片流口水時，她笑了出來。

在隔離區辦公室，W警官遞給我一個夾板，上面列有目前關在隔離單位的二十名患者名單。我會探視他們所有人，問他們是否需要什麼。獄警輪流打開每個牢房門鎖，總是確保我站在後面，這樣他們就可以站在我身前保護我，防止囚犯衝出來。健康照護主管警告醫生們不要開非必要的藥物，但如果我們拒絕開給他們一些像乳液那般簡單的東西，囚犯們通常會把積壓在心頭的憤怒發洩在我們身上。這讓我陷入困境——左右為難。

「我需要洗髮精、乳液和抗痘藥膏。我需要體香膏和安眠藥。」第一個囚犯說。「我拒絕在監獄裡買任何東西。政府把我放在這裡，他們應該付錢。」

「我來這裡是為了開藥，不是盥洗用品。」我回應，這是我的標準回答。

「對啊，這些都是藥物；我有濕疹、頭皮乾燥、出汗過多和失眠。」他一臉得意地說。

「把你的購物清單收起來。這裡不是阿斯達（Asda）*！」戈茲厲聲說並關上門。「下一間牢房是空的，醫生。」W警官告訴我。「傑米．洛維爾先生是這裡的常客，但他目前正在醫院動下顎手術，可以把他從你的名單上劃掉。」

接下來，我們看到正在進行穢物示威的患者——一些人砸碎了他們的窗板，弄壞他們牢房裡的物品，在狹小的空間裡抗議。其中一個人把他的床墊撕成碎片，從觀察孔扔出牢房外，現在，它浸在一堆骯髒的尿液中。我不明白他為什麼要這麼做——除了，他顯然沒有處在理性狀態下。我們必須小心地繞過棕色的水坑和碎玻璃，同時留意可能會有更多的投擲物朝我們扔來。在穢物示威中，生物危害遮擋環繞著囚犯牢門。有時，參與穢物示威的人會用裝著排泄物的噴水瓶瞄準經過的人。這對我們所有人來說都很糟糕。獄警們在這裡輪班工作，還保持著樂觀態度——我不懂他們是怎麼做到的，但我對他們感到由衷敬佩。

「我是醫生。」我在遠處無力地呼喊。「有什麼我能幫你的嗎？」我到底要給這些可憐的人什麼？

當打開牢門時，我們會發現大多數囚犯都躺在床上試圖藉由睡覺來度過刑期。一些人會規律運動或「墊子上鍛鍊」，直到他們練成肌肉發達的「監獄體格」，他們變得沉迷於量體重，看看自己增加了多少肌肉。其他人轉向內在並看書，把他們自己轉移到其他地方或暫時成為別人來打發時間。

一扇門被打開了，眼前是一名佈滿刺青的年輕白人，坐在他的床上閱讀一本古蘭經。一個前白人至上主義者而今留著鬍鬚，並在聽到我的名字時用「Assalamu alaikum」（我願你平安）來問候我，這很常見。尤薩夫是先知約瑟夫的阿拉伯譯語，他被囚禁在埃及。起初，我發現看到有人如此致力於種族主義，甚至真的會在皮膚上刺上他們改信或回歸伊斯蘭教信仰，這讓我很不舒服。特別是因為作為一種宗教體系，伊斯蘭教的基礎是反種族主義——沒有人可以根據膚色或種族聲稱優越。那人的嘴唇和我的一樣乾裂，顯然他也正為齋戒月禁食。當我問他是否需要任何東西時，他搖了搖頭，雖然他顯然有很多想要的。

在獄中成為一名穆斯林的原因有很多。它提供了人數上的保護——一種大家庭般的歸屬感，他們彼此稱為兄弟姐妹。另一個不可低估的潛在吸引力是食物，監獄裡的清真食物比起清淡和煮過頭的非清真爛糊食物來得更美味。雖然可能有「監獄穆斯林」在獲釋後就不遵循其信仰，但我也遇過在監獄外繼續信仰的穆斯林。

---

* 譯註：阿斯達（Asda）：英國連鎖超市。

另一扇門被打開，另一扇門接著另一扇門。一個接著一個病人。我快沒地方寫筆記了。我的最後一個會診是E先生，他是一名南亞裔英國人，可能只大我幾歲。E先生說他幾年前經歷了一場災難性的人生事件，從那之後就無法感受到任何情緒了。他說他還沒準備好談論他的過去，我明白那種感覺。我深吸一口氣，恢復鎮定，重新回到我的專業角色。我問了關於他情緒和焦慮的問題，並仔細地聽他說。我注意到他看起來非常疲倦。我問他是否想開始服用抗憂鬱藥，他禮貌地婉拒了。E先生認為自己不會再像以前那樣了。我問E先生是否有宗教信仰，我留意到他有一個穆斯林的名字。

「我不知道，我不祈禱或齋戒，我喝酒和吸毒——但我絕對不吃豬肉。」他聳了聳肩說。

我問他是否想和監獄中的伊瑪目聊聊，他是神職團隊中的一員。

「我會避開『大聲講道者』和『鬍鬚怪人』——一旦他們開始喋喋不休，我就心不在焉。他們只會說生命是一場考驗，我會得到回報，或如果我不悔改，來世我會受到懲罰。」E先生直截了當地說。

「你不能再這樣下去了，你會把自己累死的。」我說。

也許是我跟他說話的方式讓他意識到我也從創傷中倖存。他終於和我有了目光接觸。不知為何，我似乎能夠和他溝通。他同意與伊瑪目聊聊。接受幫助對我們兩人而言都是一次突破。我正以自己的個人經歷來與他人有所交流。我覺得我的工作已經完成了——至少，在這一天。

在整個查房過程中，S先生一直呼喚我們。

「請幫我，幫幫我。對不起，對不起。」S先生大喊。

其他囚犯對著S先生大聲辱罵。他們對著他吼著「孬絲」，直到變成憤怒的複頌。孬絲。孬絲。孬絲。帶著可怕的暴力威脅。他們說他們會砍殺他，把他的內臟拉出來。怪不得S先生煩躁不安。他尖叫得更大聲了。

「在情況變得更嚴重前，我們必須看一下他想要什麼。」W警官嘆了口氣說。

他的牢門一打開，S先生就跪倒在地，抓住W警官的腿，賓基熊用鼻子蹭著他的大腿。

「把那東西從我身上拿開，否則我會扭斷它的脖子和你的手腕。」W警官咆哮著，並掙脫緊黏在他身上的熊。

我感覺好些了。「我會請In-reach心理健康團隊的迪恩護理師來看你。他會給你一個娛樂包，裡面有拼圖、著色本和蠟筆。[135]在等待精神科醫生看診之前，你可以先找點事情做。」我盡可能溫和地說。

S先生感激地點點頭，又爬回他的牢房，一直用鼻子蹭著賓基熊。當著他的面和他的悲慘，大門又再一次關上了。

幾週後，當有空床時，他被移轉至住院部。每週與初級照護和In-reach心理健康團隊進行的MDT會議上，我們討論了他的情況，皆一致認為需要遵守嚴格的界限。任何工作人員都不應單獨會見S先生，因為他有不實指控侵犯的歷史。迪恩被指派為他的負責人員，並開始記錄詳細的進展情況，警戒留意著避免死因裁判法庭。

儘管工作人員盡其所能，S先生仍持續表現出挑釁行為。有人觀察到他會屏住呼吸，直到臉色發青。有時他會大喊著自己心臟病發作，會捂著胸口要求嘴對嘴人工呼吸。他顯然想得到女性的關注，每當他睜開眼睛發現是我拿著氧氣面罩跪在他身邊時，他總是很失望。我也很失望——我似乎幫不上他什麼。但我對S先生的行為感到特別困擾，因為住院病房裡有那麼多病人和脆弱的人們，他佔用了寶貴的時間和有限資源。他也需要我們的幫助，這是顯而易見的，但實在很難給予。

C先生，這位三十歲的疑似直腸癌患者，也被移轉至住院部。他的病況進展迅速。在我安排轉診的二週內，他在外部醫院接受癌症團隊檢查，他們做了深入檢驗，他被診斷出有直腸惡性腫瘤，而且似乎已經擴散至肝臟。要告訴他這個消息尤其困難，他人在監獄裡，家人都不在身邊，沒有人能夠握住他的手。他唯一的接觸是有一名獄警陪同的短暫家庭探訪，以及有限的身體接觸。C先生不想讓他的家人擔心，特別是他的伴侶即將迎來他們的第一個孩子。很明顯地，他試圖表現出一副勇敢面對的樣子，而且總是很有禮貌，當我和他說話時，他顯得出奇樂觀。

若在外頭，所有醫院的信件都會直接寄給他，但在監獄裡，這些個人文件會交給醫療團隊。

正如我承諾的，我定期去住院病房看望他，讓他了解最新的照護情況。他每隔兩週要去外面的醫院做化療，之後幾天會非常地疲累。他被移轉至住院部，因為他需要充分休息，在那裡，護理師可以密切照護他。

「我會戰勝它的。」他向我保證。

我希望他會，而儘管我每天都為他祈禱，但C先生並沒有好轉。就算如此，他鮮少抱怨，如果他抱怨，也只是一句溫和的話，說他沒辦法睡覺，因為S先生整晚都在尖叫吶喊。C先生應該要得到更好的對待。私底下，我一直跟監獄討論為他安排行政釋放事宜。這是以人道為考量的提前釋放，無需假釋聽證會，[136]內閣大臣可以批准，因為C先生的刑期只剩下幾個月了。毫無疑問，他在家裡會得到更好的照護。我很高興能夠與C先生的家人及他的罪犯管理人員會面，他們提供了正面的報告並建議提前釋放。但這可能需要幾個月的時間才能定案，而C先生沒有幾個月的時間了。這是我第一次與監獄管理人員密切合作，我發現他們比囚犯們讓我以為的更有幫助。監獄系統在巨大的限制下運作，儘管許多出於善意的人們都在盡最大努力，但善意也僅只能到此——C先生仍在受苦。

C先生對自身的痛苦輕描淡寫，總是愉快地對工作人員說聲「早安」，而S先生常常被發現在牢房的角落裡哭泣和搖晃。精神科醫生為他做了檢查，診斷為反社會人格障礙[137]和情感性思覺失調症。[138]我們調整了他的藥物，最初具有鎮定作用，但他的整體行為並沒有太大變化。他的憤怒仍在持續，他威脅要刺傷工作人員。後來在賓基態體內取出了一把塑膠刀，玩偶被沒收了，S先生被安置在「徒手進食」名單上，不能使用任何餐具。

對於S先生的下一步，是在多機構公共保護安排組織（Multi-Agency Public Protection Arrangements，下稱MAPPA）安全會議上，評估他若獲釋對公眾造成的風險。[139]他們要求我提出我的意見。他的安全記錄顯示他有能力瀏覽網路並使用多個社群網站。MAPPA專員強調，他對公眾構成了重大風險。迪恩和精神科醫生認為S先生能夠出庭。據說，他在受審當天早上被安置在車上時哭了起來。他被判處長期徒刑，並被轉移到高觀護監獄。

賓基態在S先生離開幾週後被找到了，它被塞在洗衣機後面。它的兩隻眼睛都不見了，填充物也全被拉出來。它被視為受污染的垃圾，經過雙層打包然後丟棄。我希望S先生能夠得到比賓基態更好的對待，我想知道他是否會康復。也許他會死在監獄裡。

同一週，C先生收到了他的行政釋放。他已經完成了三次耗盡氣力的化療週期，每個週期間隔二週，他似乎對治療反應良好，他的直腸癌腫瘤經由一種叫做癌胚胎抗原的化學物質監測後，已經減半，這是一個充滿希望的跡象。[140]

那天早上，我得知C先生已獲准立即出獄，這是一件好消息。他的家人正在前來接他的路上。我在住院部碰到他，他把他大部分的所有物都送給其他人，他正在清出這個空間，我們當地醫院的化療護理師已經安排在他家附近的一家醫院進行交接。我向他道別，並祝福他未來一切順利。

「請讓我們知道你的狀況如何。關於罪犯健康照護是這樣的，在你的患者出獄後，他們的照護會自動轉回所在的社區團隊，我不會再得到任何後續消息，你的記錄在我這邊會結案——為了患者的隱私。我不會聽到你的後續進展。我不再是你的全科醫生了。」我難過地說。

「Y醫生，你永遠是我的全科醫生。」C先生溫暖地說。

我再也沒有見到C先生或S先生，也沒有再聽到他們的消息，但我覺得我不會忘記他們其中任何一人。

第十章　高觀護囚犯單位

我每週都會聯絡我的朋友馬修一兩次。學生時期，在醫學院的第一天，我們被隨機分配到同個小組。當我第一次聽到他的倫敦腔，注意到他剃了光頭，穿著黏滿爛泥的球鞋和無修邊褲管的牛仔褲，我以為他是個足球流氓。我很快地臆測我們之間沒有任何共同點，於是我去找了一些與我背景相似的人做朋友。直到後來我才意識到我對於投緣的理解是完全錯誤的。有次我們偶然在宿舍相遇，這讓我們有機會坐在廚房聊天。他會因為我的笑話而大笑，而且時常自在地笑著。當我跟他說，我一開始以為他是個小流氓時，他驚訝到把茶噴出來，還差一點被嗆到。他說他剃光頭是因為他蓬鬆的金髮讓他看起來像戴安娜王妃。他想讓自己看起來「很陽剛」，這確實奏效了，至少對我而言。

第一年後，我們搬離了宿舍，和其他幾位朋友沙達特、蓋瑞和阿德一起找了學生租屋。馬修會在早上端著茶、禮貌地敲敲我們的房門，把我們叫醒，他會問我們睡得好嗎。當我們打理好時，他會高高興興地為我們準備早餐。他喜歡我在睡覺時穿的巴基斯坦傳統服裝夏瓦爾（halwar kameez），我送了他幾套。他每天一回到家就穿上它們，非常喜歡穿起來的舒適感。深夜，在我們上床睡覺前，馬修會為我們調製白俄羅斯雞尾酒，裡頭有伏特加、咖啡利口酒和鮮奶油。我不喝酒，所以他會為我準備一杯純潔白俄羅斯酒，也就是一杯牛奶。他的父母布萊恩和葛妮絲也待我如親生孩子般地慷慨溫暖。

打電話給馬修常常是我回家儀式的一部分。這幫助我在每天晚上拉開與監獄之間的距離。我會告訴他我在高牆裡發現的怪奇世界，他分享著他病理學家的工作經驗。我們憑靠著幽默，讓我們在身處的黑暗環境中更有人性。

「阿沙，什麼是『孬絲』？」馬修問。

「孬絲是性犯罪者的俚語。更具體地說，是針對戀童癖者。你為什麼想知道？」我問。

「誰知道呢，它說不定會出現在酒吧競猜的題目裡。」馬修說。

那天是他的休假日，他跟我說他正在做一些木工。

「你在做什麼東西？又是一個把人綁起來的刑具嗎？我的一直壞掉。」我開玩笑說。

「沒錯，一個超堅固的刑具。受虐狂好像都變胖了。」馬修一本正經地說。

「我們都知道在任何刑具上過多的ＳＭ都會導致重複施力傷害然後去掛急診。」我回。

事實上，這絕非是開玩笑的事情。或許，在我工作中最具挑戰性的一部分來自我在ＶＰ單位的工作。雖然我從不問囚犯他們是什麼原因入獄的，但如果他們被安置在ＶＰ單位，我實際上知道那是針對敏感或性犯罪。但我對他們的看法不是問題，為了做好我的工作，我必須把自己和自己的感受分開。一般囚犯的心態不是這樣的，ＶＰ單位對他們來說就像公牛看到紅旗，他們會尋找任何可以攻擊高觀護囚犯的機會。在監獄這個道德模稜兩可的世界裡，打老婆的人可以誇耀打了強姦犯。高觀護和一般囚犯隨時隨地都必須隔開。

喬伊絲是ＶＰ單位護理長。她的好朋友們都叫她喬絲，她說話輕聲細語，穿著自己做的漂亮衣服。作為一名心理健康護理師，她無需穿制服。她讓我想起她回牙買加探親時帶回來給我的糖衣羅望子球，在美味的酸味中帶有甜味，但中心會損壞你的牙齒。她請我來ＶＰ單位檢查她的一名患者。

我們從一般囚犯使用的上層走道穿越監獄。高觀護囚犯走的是底層水泥走道，但絕對不會與一般囚犯同時走動。當一般囚犯跺腳和喊叫時，金屬通道在我們周圍吱嘎作響。走道上蓋滿網管，以防止投擲東西或違禁品。有時，鳥兒會被困在這些迷宮般的牢籠裡，牠們會用囚犯制服上脫落的絨毛築巢。喬伊絲和我必須低頭看路，避免踩到鳥糞和人們吐的口水。我們聽到有人從後面大聲叫喊我們。

「喂，你停掉我的藥。我要敲下你的頭！」有個人越過其他囚犯大喊著。

我們假裝沒有聽到那洪亮的聲音，反而加快了腳步。

「我說，我要敲掉你那該死的腦袋！」威脅再次出現，已無法忽視。

喬絲和我轉身面對即將發生的事，我看到她的手指放在她無線電緊急按鈕上。當傑米．洛維爾先生赫然逼近時，我本能地站在喬絲和他之間。我們尋找著一名獄警，但沒看到。如果喬絲按下警報，在獄警趕來解救我們之前，就算沒有四個黑眼圈，也會有兩個。

「如果你打算要揍我，你最好打準一點，因為只要我站起來，我會讓你好看！」喬絲低吼。我不知道為什麼我會以為她需要保護。

「開玩笑的啦！」傑米大聲地說，然後開始大笑。他把一張折起來的紙塞到我手裡，然後沿著走道跑掉了，消失在其中一個牢區裡。

「那個混蛋自以為幽默！」我大聲說道，試圖掩飾我的如釋重負。

我注意到他的牙齒已經植進牙齦間隙，在接受顎面外科醫生治療後，他的下巴也修好了。牙科護理師海倫和牙醫凱蒂拯救了他的笑容，而接受治療後的他看起來非常開心。

我打開那張紙，發現這是傑米寫的一首詩。他的字跡既大又笨拙，彷彿他把每一個字母都摺倒在地似的。這首詩本身簡單而美好。我微笑著把它折起放進口袋裡。我很高興他正努力提升他的讀寫能力，之後我會給他一個溫和的評論，推薦一些監獄圖書館裡他可能會喜歡的詩人。如果我有空閒時間，我喜歡獨自去圖書館，環繞在書堆中有一種平靜的效果，我會忘記我在監獄裡，把忙碌的一天先暫放一邊。幾頁的書頁可以把我帶向任何地方，我感到遺憾，多數囚犯沒有選擇這種逃避方式，而是選擇使用香料之類的危險毒品。又是那個童話世界。

喬絲和我繼續走向VP單位。儘管上層走道上擠滿了一般囚犯，但我們還是決定不要走陰暗的下層走道，雖然那裡沒有高觀護囚犯，主要是因為我很怕老鼠，下層走道是放置捕鼠陷阱的地方。我曾看過一隻老鼠垂死掙扎地從牠的藏身處爬出來。牠抽搐時我無法移開目光，但我也沒有足夠勇氣了結牠的痛苦。陪同我一起的是可愛的護理師愛麗絲，她拖著一個帶輪子的垃圾箱過來，直接輾碎牠的頭，她說這是一個善意之舉。從那之後，我就不走下層走道了。

我問喬絲她喜不喜歡在VP單位工作，她已經在這裡十年了，這似乎回答了我的問題。

「我一直都負責高觀護囚犯。」她告訴我，「因為沒有人喜歡在這裡工作。一些其他員工稱他們為『怪異的高觀護囚犯』。護理師和一些醫生覺得單位裡的氣氛很可怕。我必須在心理上把自己和高觀護囚犯區分開來。我不想知道他們做了什麼，因為如果我知道了，我無法處理他們——這是一份工作，而大多時候我都滿喜歡的。」

VP單位是監獄裡的監獄，被一道畫著森林壁畫的巨大牆壁與牢裡其他地方隔開。一般囚犯在美術課時畫了牆壁外牆，以粗線條筆觸表現出他們對高觀護囚犯的厭惡。這幅卡通式的畫上濺滿了血紅罌粟花，每顆掉落的蘋果上都有肥厚的蛆從中鑽出。壁畫上不斷畫著髒話及咒罵，直到油漆剝落。**非常變態的單位。殺死你自己！一顆子彈＝一個麻煩消失。**

我打開門鎖，發現門把很黏；監獄裡所有的門和鐵門都因累積的髒污而發黏。我總是隨身攜帶一小瓶酒精凝膠。我把酒精大量塗在手上，然後用腳輕輕推開門，一排坐在輪椅上的老人擋住我的去路。

「對不起，我們擋到你的路了嗎？」坐在輪椅上一名說話得體的男人問道。

「我們可以擠過去。」我說，接著小心翼翼地繞過他們。喬絲鎖上我們身後的門。

我以前見過這個人；他是一所私立學校的校長。

「我們正在看比賽。」校長告訴我。

VP單位位於三樓，我順著他的目光越過欄杆往下看。人們正在玩滾球。這裡有一種歡樂的氣氛，與其說是監獄，不如說更像是個看護中心，平均年齡約五十歲，有些人已經介於六十到八十歲之間，他們大多數人使用拐杖、助行器和輪騎。儘管有著健康問題，但他們為自身環境感到自豪，這裡是監獄中鮮少沒有臭味的地方之一。垃圾桶清空了，空氣中瀰漫著玫瑰香氣的清潔劑。

「你是個好人。」校長對我說。他伸出手來拍拍我的手。在我反應過來之前，他已經把一顆糖果塞到我手掌。

「以後再說。」他說。

「我不能接受禮物。」我回應，並交還給他。

「噢，別這樣嘛。」他眨眨眼說。

「你也不想讓醫生惹上麻煩吧。」喬絲堅決地說。

校長收回了他的零食。人們往往會照著喬絲的意思去做。

男人們停下他們的比賽，對我們打招呼並揮手致意。人群中有幾張著名面孔，名人讓我們覺得自己也像個名人。一些人慢慢地走上樓梯迎接我們。他們稱讚我們的穿著，他們說我們看起來很好，然後要求一些「小忙」，像是乳液和洗髮精之類的，我們笑著點點頭，我以酒精凝膠為由不握手。我不希望他們強迫我吃零食，並以任何方式感到受青睞或蒙恩。

喬絲說明我們是來看一名叫米奇的囚犯。人們在走道下方大吼大叫。一個運動型的年輕人從一扇門走出來，衝上樓梯朝著我們走來。

「嗨，喬伊絲，這位是醫生嗎？嗨，醫生，我是米奇。」他大聲說道。

他咧著大嘴笑著把手伸向我，就好像我們是兒時玩伴一樣。我被他的熱情嚇了一跳。我在監獄裡從來沒有遇過這種情況。我看著米奇的手，然後看向他裂開的嘴唇，儘管受了傷，他還是讓我想起出現在電視節目中的那些精心打扮的年輕人，他們的頭銜是「名人」或「大情聖」。他潔白的牙齒在他深褐色的膚色上閃閃發亮。雖然他是個白人，但他的膚色比我的還黑。

「喬伊絲護理師告訴我，你一直跟人起爭執。她請我來診斷一下。」我冷靜地說，建立出界限。米奇收回他的手。

「沒什麼啦，醫生。」他說，他的燦笑讓他的嘴唇裂開了，並開始流血。

「你受傷了，我會在診間診斷你。」我邊說邊帶路。

VP診間和所有位於側翼樓的診間一樣，需要雙重防衛。門前裝有一扇堅固的鐵門，兩扇門都需要上鎖，以防止囚犯闖入偷竊設備和藥物。監獄規定所有的鐵門都要在固定位置——要嘛上鎖，要嘛用壁鎖固定在牆上。壁鎖是一種金屬裝置，顧名思義，它安裝在牆上，可以固定住鐵門。一道未鎖上的鐵門足以重到成為攻擊囚犯或工作人員的武器。這是一般監獄裡的規定。但VP診間的鐵門並沒有壁鎖。我拒絕把自己和高觀護囚犯鎖在同一個房間裡，以防萬一我需要倉促離開。這些人絕大多數要嘛被還押，要嘛是被定罪的性犯罪者，我不想冒任何危險。曾經有其他監獄的職員遭到定罪的強姦犯性侵。[141]

喬絲和我有所共識。「Y醫生，不要鎖上鐵門。」她說。「有些護理師不會想太多就把自己跟這些男人鎖在一起。沒有冒犯米奇的意思，但我不相信任何人。」

如果喬絲不在的話，我討厭使用這個房間。我沒有無線對講機或個人警報器。儘管我們持續要求，但房間裡沒有緊急按鈕和電話。獄警們駐守在長走廊盡頭的一個樞紐中心。如果我沒有陪同者，我將獨自和一個可能攻擊我的囚犯共處一室，即使我已盡最大努力遵循流程保護好自己。

「氣氛真好。」米奇走進去，環顧四周剝落的海報和澆過多水的植物。

「我只是來工作的。」我有些煩躁地說。

他很有魅力，積極地與喬絲交談。她先是微笑又是大笑，但我看得出來她也很警戒。她的肢體語言顯得有些僵硬，彷彿她的肌肉已經做好隨時要奔跑的準備。當她與信任的人在一起時，她的動作通常是流暢和放鬆的。我猜想一個女人要在這個地下世界中穿行是多麼困難，即便是像喬絲這麼堅強的女人。

桌上放著一小堆糖果。雖然醫生和護理師說明禁止送禮物，但高觀護囚犯總是堅持在看診最後留下給我們的「招待」。一般囚犯從來不會這麼做；他們連說聲謝謝都勉強。也許是因為高觀護囚犯普遍年齡較大，更習慣對醫護人員恭敬。但我認為這是套交情，我把所有糖果都掃進垃圾筒裡。

「我本來想吃一個的。」米奇假裝失望地開玩笑說。

「你不知道它們是哪來的。」喬絲說。她笑起來只露出前排牙齒。

喬絲和我獨處時完全不是那樣的，我耍笨時，她會閉上眼睛肆無忌憚地笑，頭向後仰，我可以看到她的臼齒。有時，她會因為我的無聊笑話笑到無法抑止，笑到眼裡含著淚，這讓我很開心。

「你知道波瑟芬妮的傳說嗎？」在我登入電腦時，我問米奇。

他疑惑地揚起整齊的眉毛。

「她是一位希臘女神，被黑帝斯擄走並帶回冥界成為他的妻子。她被騙吃下一些東西，我想是石榴籽，因此受到詛咒要留在那裡。」我停頓了一下，或許是為了戲劇效果，然後下了結論，「監獄裡沒有免費的禮物。」

我轉換到工作模式。「總之，你怎麼了？」我指著米奇的傷問道。

「是因為我的長相。」他嘆了口氣說。

我對他的回答感到驚訝，仔細端詳他找出端倪。他是個肌肉發達的年輕人，頭髮向後梳成一個整齊的髮髻，鬍鬚修得整整齊齊。他是一名表現優異的囚犯，豁免於穿囚服，他穿著緊身T恤，深V領，露出他刺青無毛的胸膛。他穿著時尚的緊身牛仔褲和昂貴球鞋。我可以想像一些女人或男人會覺得他充滿魅力。我理所當然地假定他一定花很多時間盯著手機鏡頭。

「是因為我的牙齒。」米奇說，對我笑了一下。

「你的牙齒？」我一頭霧水。

「監獄裡大多數人的牙齒都不好。」米奇說。「我有做很貴的陶瓷貼片，我是在土耳其做的，我也在那邊做了植髮。這些傢伙大多數都很髒，他們不洗澡。我很乾淨，而且如果獄警有開牢門，我每天至少洗二次澡。我看起來和聞起來都乾乾淨淨的，我還有很多好東西，他們覺得我一定是個臥底警察或記者。」

監獄裡確實有過臥底警察和記者，有時會冒充成囚犯或警官，但他們並不像米奇那樣引人注目。[142]我調出他的病歷，這是他第一次入獄，沒太多歷史記錄。也許他真的是個警察或記者。我驚訝地發現我們的生日是同一天。

「你在外面是做什麼的？」我問。這是我從護理師那邊學來的用語。一切都劃分為「在這裡」和「在外面」。一些倫敦人會說「在路上」，指的就是外面。

「我是一名私人教練，我有自己的健身房。」米奇驕傲地說。「我喜歡幫助人們變成他們最理想的身型。我努力保持正面和樂觀，但待在這裡很令人沮喪。我正在流失肌肉並增加脂肪。他們餵我們吃碳水化合物：麵包、薯條，沒有蛋白質。你有看到他們給的『食物』嗎？」他用修過指甲的雙手做出兔耳引號手勢。

我點點頭，不禁感到有些同情。這裡的食物聞起來很難聞，當我經過食物推車時，我不得不屏住呼吸。看到濕軟的長棍麵包讓我感到噁心。

「全都爛掉了，」米奇繼續說道。「白麵包是灰色的，它會在你面前開始捲曲。很多次我還從麵包裡挑出綠色黴菌。句句實言——他們給的食物是連你都不會拿去餵狗的那種，我沒辦法吃。早餐包根本是個笑話，每個人無時無刻都很餓；人們會為了一塊烤馬鈴薯大打一架。我從來不知道監獄會這麼糟糕。我沒有預期它會是個度假村，但這裡就像個集中營。它影響了我的心理健康，我通常是個樂觀主義者。我還聽到一個傳聞說，一般囚犯會準備我們的食物，他們會加料，他們會在豆子裡拉屎。」他簡直不敢相信地說。

「他們當然不會在豆子裡拉屎！」我說。「如果你不信任監獄提供的食物，你可以從康囤買東西來補充你的飲食。你需要建立一個信用帳戶，然後就可以使用康囤郵購，你可以購買衣服和食物。」

「我不想在這裡買任何東西，醫生。」米奇說。「星期五我會出庭受審；你記住我的話，我會走出法庭，因為我是無辜的。」

「對。」我說。我避免與喬絲有眼神交流。我們很少遇到有罪的囚犯。這座監獄裡關著一千多名無辜者——甚至包括那些被定罪的人。

「我可以看出你不相信我。我不喜歡任何人對我有不好的看法，這讓我很煩。醫生，你多大了？你不可能比我大五歲或十歲吧？」

「大五歲或十歲？五歲或十歲？我跟你一樣大！」我突然怒吼一聲，這讓我感到震驚，接著是尷尬。

米奇覺得我的反應很好笑。他用手摀住疼痛的嘴巴，然後開始大笑，壯闊的肩膀顫抖著。

「我很抱歉，醫生。我不是有意要惹你生氣的，我的天啊！」他驚呼。

喬絲努力在憋笑，她也用手摀住嘴巴。

「這個，」我指著我那歷盡滄桑的臉說，「是壓力。皮質醇是一種壓力荷爾蒙，會讓我們衰老。看起來比實際年齡老是我的榮譽勳章；代表我有用心。」

「噢，我需要這個。我已經好幾個星期沒有笑了。你看起來好生氣！」米奇說，他仍在哈哈大笑，臉漲得通紅，眼睛濕潤。

我從電腦螢幕上看到自己的倒影，就好像多年來第一次看到自己，我確實看起來又老又累，為什麼我沒有好好地照顧自己呢？

當我開始擔任住院醫生（初級醫生）時，我被分派到伯明罕的醫院。我的許多同事都畢業於伯明罕醫學院，他們彼此認識。對我來說，這是一個全新的開始。我不僅在父親去世的那天晚上趕往的同一家醫院工作，我還在他屍體所躺的同一張床上搶救病人。如果不關閉自己情緒的核心部分，我無法完成這些事。

我的一個初級醫生新朋友指著我身分證件上的大頭照，談論我的娃娃臉。我遺傳到母親棕色的大眼睛，還有父親的下巴和微笑的嘴型。我的新朋友開玩笑說我不應該用五年前的照片。我沒有告訴他這是幾個月前的一張近照。經過一個痛苦的夏天，我明顯變老了，濃密的波浪捲髮一把一把地掉落，光滑的皮膚皺起，眼睛下方有了黑眼圈。我幾乎認不出自己了。

在我父親去世不久，我寫了一篇關於心理神經免疫學領域的榮譽論文，這門學科研究壓力如何影響我們的身體健康。[143]這要嘛是巧合，要嘛是個預兆。他去世後，我們全家在短短幾週內就老了，彷彿歲月流逝。我的母親和姐姐是以美麗著稱的女人，而今當她們瞥見自己的倒影時，她們嘲笑自己荒謬的外表。

「請別生氣，醫生，」米奇繼續說道，「但你看起來真的需要一點新鮮空氣，你需要改變一下你的生活方式。我每天至少喝三公升的水，並確保每晚睡足七到八個小時。我會補充維他命或用桑拿或蒸氣浴來保持皮膚光滑。在外面。」

監獄裡肯定沒有桑拿房或蒸氣浴室。

「還有其他建議嗎？」我問。饒富興味取代了我的惱怒。米奇煥發著光彩，我忍不住想問他用的是什麼乳液。

「沒有不禮貌的意思，但建議你可以去健身房。」米奇說。「如果你來我的健身房，我會幫你制定飲食和健身計劃。我估計在正確的指導下，你只需要六到八個月看起來就會截然不同。練一下你的手臂和肩膀，你需要的，尤其是在這種環境下。你的腿很好，看起來很結實。」我貪婪地接受這個讚美。

「一旦你出獄，我就不能去你的健身房或跟你有任何聯繫，這是不合乎職業道德的。一旦你走出那些鐵門，除非你回到監獄，否則我不會再見到你。」我平靜地告訴他。

「我絕對不會再回來的。」米奇表示。「如果你願意的話，我可以幫你定一個小小的訓練計劃？這讓我有事可做。」

「好，那太好了。」我回答道。「但首先我需要治療你的嘴唇。你打算告訴我是誰打你的嗎？我很擔心。」

「單位裡有兩個年輕傢伙一直在欺負老人。」米奇說：「因為好玩把他們從輪椅上絆倒，打他們，偷他們的東西。我為這些老人站出來，這兩個小子不高興了。他們開始跟每個人說我是一名臥底警察，四處搜尋更多關於他們犯罪的資訊。其中有一群人在洗澡時埋伏攻擊我，他們以為我是一個不會打架的小白臉，但我給了他們一頓痛打。他們暫時不會欺負任何人了。」

我不禁感到佩服。幾乎聞所未聞有人會為高觀護囚犯挺身而出，甚至是他們自己都不會。無論他們如何堅持自己的清白，他們都接受了自己在監獄社會中的卑微地位。

「我知道他說的是哪些人。」喬絲在一旁說道。「他們兩個都很可惡。我已經叫他要跟獄警回報，但他不會這麼做。」

米奇同意我檢查他。他的下唇有一個五公釐的裂口，腫脹並滲出一點血，我遞給他一張紙巾，用手電筒照看他的嘴巴，左邊臉頰有輕微腫脹，但沒有瘀傷。當我按壓連接下顎的顳顎關節時，他感到有些壓痛，這似乎是一種軟組織損傷，沒有明顯的骨骼異常或任何下顎移位的跡象。他能夠張大嘴巴，舌頭也沒有受傷。我檢查了鼻孔和耳朵是否有血液或透明液體流出，那可能會是顱骨骨折。

「沒有骨折，我可以先黏住你的嘴唇，不需要縫針。」我跟米奇說：「如果你可以躺在沙發上的話，我會比較好做事。」

喬絲幫我在醫療櫃裡翻找黏著膠水，櫃子裡亂七八糟，存貨不足。我們翻箱倒櫃，找出一堆過期的藥物，這些之前都要處理掉。

「你們沒聽到嗎？」米奇問我們。

「聽到什麼？」喬絲一邊翻找膠水一邊問。

「那些辱罵。」米奇說。「我不是孬絲。」

我停下手邊的事，轉身看向窗外。一整個囚室區域的一般囚犯正俯瞰著診間。他們其中有一群人從不遠處盯著我們，尖叫、吶喊著。VP診間裡沒有窗簾或遮蔽物可以擋住他們的視線，雖然醫生和護理師長期以來一直要求在這個房間安裝窗簾。

「孌童──癖、孌童──癖、孌童──癖！」他們高喊著。聲音震耳欲聾。但不知怎的，我好像已經聽不清楚那聲音似的，因為我早已習慣了。

「我不是孬絲。」米奇幾乎像是在念咒語似的低聲重複著。我看得出來他變得沉默，寬闊的肩膀緊縮著。

「我們不想知道你做了什麼。」喬絲急忙說。

「我相信每個人都會說他們是無辜的，但我真的什麼也沒做。」他回答道。

窗外傳來模糊的撞擊聲響，一些看起來像泥巴的東西濺到我們上方的玻璃窗上。那是沾滿糞便的衛生紙。

「那太噁心了。」米奇說。

「真的。」喬絲和我都有同感。

我之所以不喜歡使用這個房間，是因為人們可以對著窗戶叫喊和丟東西。令我驚訝的是，在米奇提醒我之前，我是怎麼習慣於聽不見這些辱罵攻擊的。我在他的嘴唇上塗上膠水，將傷口黏在一起直到凝固。我需要完成這件事，這樣我們才能全數離開這裡。

「這應該會癒合良好。」我說。

「我想傷疤會讓我看起來更帥，看起來更粗獷。」米奇開玩笑，但他的幽默是裝出來的——顯然他仍對窗外的叫喊聲感到不安。

他是健康的體現，他是完好的，就連他腫脹的嘴唇看起來也像是剛剛注射了填充劑，而不是因為受傷而腫脹。

「腫的地方應該幾天內就會消退。今天還有什麼是我可以幫你的嗎？」我問。

喬絲和我開始整理東西，但米奇話還沒說完。

「醫生，你必須明白我是一個典型的年輕人，我得到很多女生的青睞。」他說。

「我們不是來批評你的，」我打斷他。我不想聽到他被指控了什麼罪行。我為他治療，也對他很友善，我的工作完成了。我不懂他為什麼要我相信他是清白的，也許他只是想轉嫁給某個人、任何人，但對我而言，與病人之間保持在一個專業的距離是很重要的，特別是高觀護囚犯。我交叉雙臂來表示這不是一場讓我感到舒服的談話。

「但傷害已經造成。我來自一個小鎮，我的名聲已經毀了。人們會說無風不起浪。」米奇繼續平靜地說。

喬絲說：「如果有人提出不實指控，你可以採取法律行動並洗清罪名。」

「事情從來不會那麼簡單的，女士。」米奇對我們說，「我這輩子都會記掛著這件事。」

我關掉電腦。當我轉身準備離開房間時，我看到糞便從玻璃窗上滑落，留下長長的污跡，這些污漬會乾掉並遺留在那裡，直到下一場雨。真的很噁心，我希望雨很快降下。

我驚訝地發現鐵門被鎖上了。一定是某個獄警經過時在沒有留意到我們的情況下鎖上的。在我伸手去拿鑰匙時，我的手在顫抖。在米奇迷人的外表下，他是有能力攻擊我們的，而我們卻無法逃脫。

「醫生，你和喬絲都要小心一點。」米奇語帶關切地說，他也意識到我們被鎖在裡面，什麼事都有可能發生。我不想讓他看到我顫抖的手。

「祝你好運，希望星期五就可以出去了，你再也不用想到這個地方了。不要吃任何石榴籽。」我建議他。

我特意試著要給他一個安心的微笑。但看看我這張衰老的臉，我不確定我有沒有做到。

房間外，校長和其他坐在輪椅上的人還在看滾球比賽。

「誰贏了?」我問。

「沒有人。」校長平靜地回。

我無法不同意他的看法。在這裡沒有人是贏家，只有將違法者繩之以法的受害者。

「醫生，謝謝你。」在我們握手時，米奇說。他還說了:「你的手很冷。你知道他們怎麼說手很冷的人嗎?他們有顆溫暖的心。」

「沒有啦，只是血液循環不良。」我俏皮地說。

他輕輕拍了拍自己的左胸，在他心臟上方，快速地拍了兩下。在他走開之前，我們都笑了。

另一名囚犯站在不遠處，年紀稍長，蒼白的膚色比米奇還像我的。他盯著喬絲，似乎在嗅聞空氣。

「妳沒噴我喜歡的那種香水。」他說。「我每天來這裡，妳都噴著那種香水，我都很期待，現在妳沒有噴了。」

「你這個詭異的傢伙，我不噴我的香水了，因為你一直對著我東聞西聞。回你的牢房去，別再管我的香水了。」喬絲對他嚴厲地說。

那人慢慢後退，但一邊走一邊不停回頭望著喬絲。就好像他很享受被她責罵似的。我能理解為什麼女性職員不願意來高觀護單位，連我都覺得十分費力。

「走吧，我們走吧。」我對喬絲說，急著想讓我們倆趕快離開那裡。這是一段很長的步行路程，我們在返回醫療部門的路上聊天。我有一個迫切的問題要問她。

「一般囚犯會在高觀護囚犯的豆子裡拉屎嗎？」我問。

「一般囚犯在廚房工作。」喬絲告訴我。「食物是事先煮好的，但他們會加熱。然後用手推車推到監獄各處，送到不同的側翼樓。我聽說他們會在送往VP側翼樓的食物裡吐口水，但我認為這只是謠言。我想是有一次，在另一所監獄裡，有些一般囚犯在送往VP側翼樓的豆子裡拉屎。[144]現在，高觀護囚犯吃屎已經成了無稽之談。但你看到鐵窗裡的狀態了。一般囚犯討厭高觀護囚犯。如果能逃過懲罰，他們就會這麼做。這就是生活的現實。」

「妳已經在這裡十年了。是什麼原因讓你一直待著？」我問。

她想了一會兒。「是這些囚犯讓我感到很有趣。我喜歡跟囚犯聊天，不是聊他們做了什麼，只是聊著尋常的事情。有時候他們不友善，但我真的不在意。曾經有一個囚犯，我記不得他的名字了，他對我說，『妳這個操他媽的黑婊子！』我說，『非常感謝你這麼細心看出我是黑人。如果你再繼續這樣跟我說話，我會讓你知道我是個怎麼樣的婊子。』這足以讓他走開。但下一分鐘，我聽到他大喊，獄警們跑來跑去，試圖趕到現場。其他一些聽到他叫我黑婊子的囚犯走進他的牢房，扒光他的衣服，把光著身子的他扔了出去。然後，之後當他去拿他的食物時，另一個聽到他對我那樣說話的囚犯把他的手壓在電烤盤上，就只是放在上面，結果他的手被燒掉了一大塊。」喬絲說，語氣中不無些許驕傲。

「這不是一個暖心的故事，喬絲！」我帶著幾分勸誡這麼說。我們不能容許這種行為。

「嗯，但這是一個暖手的故事！」她回應。

在接下來的星期五，我查看了米奇的記錄。正如他所預料的那樣，他確實被證實是無辜的，並立即當庭釋放。而今他必須終身背負著受到指控的污名。就像波瑟芬妮，他永遠因曾去了一遭地下世界而聞名。

第十一章

佛萊迪・墨裘瑞

我愛萬聖節。這是我一年之中最愛的時刻。

在我小時候，我是我的清真寺裡唯一的哥德（Goth）。當我向伊瑪目解釋自己對那種非常英國次文化的興趣時，那是一次非常有趣的交談，他非常通情達理地接受了，並誠懇地說他會為我祈禱。我告訴我的父母我是個吸血鬼，我拒絕吃大蒜。他們提醒我，我們是南亞人，大蒜是我們飲食中不可或缺的一部分。他們還告知我，我們是穆斯林，只能吃已經被抽乾血液的清真肉。我那總是樂於助人的父親給了我幾罐醃漬甜菜根，說我沒道理不能成為素食吸血鬼吧。我嚼著甜菜根，讓汁液從我嘴裡嚇人地滴下來，我假裝照到陽光會受傷，我用會在黑暗中發光的骷髏和頭骨裝飾我的臥室。我讀了所有我能想到的關於女巫、怪物和魔法的書。成年後，我們仍然像一家人一樣雕刻南瓜。我和姐姐莎哈迪沉迷於恐怖電影馬拉松。當你感到安全時，涉獵恐懼很好玩。但是當我開始對這個世界感到不那麼安全時，我就不再熱愛恐怖片了。現在，作為一名監獄醫生，我每天都在目睹恐怖的事。

萬聖節那天，他們要求我檢查佛萊迪・墨袞瑞先生。佛萊迪・墨袞瑞先生透過改名契改了他的名字。他之前叫麥可・傑克森先生，再更之前是艾爾頓・強爵士。大多數囚犯是以印在身分證上的監獄號碼作為識別，身分證必須隨身攜帶。墨袞瑞先生不是一個數字；他選擇了他專屬的名字，他違反規定、打架、吸毒。他被判處三年徒刑，卻已服刑了十五年。他不符合任何標準來證明他已經自新並向善。他處在不良行為和懲罰的無限循環裡。他被判定對他自己和公眾都是危險的。佛萊迪・墨袞瑞先生最近成了我的病人。

保護公眾監禁刑罰（Imprisonment for Public Protection，IPP），也就是墨袞瑞先生的刑罰，是在二〇〇五年開始實施的，[145]適用於那些被認為具有危險性但其罪行不足以判處無期徒刑的人。[146]這項措施已於二〇一二年被歐洲人權法院廢除，因為這被認為是一種對人權的剝奪。[147]但廢除並沒有追溯性，因此墨袞瑞先生和其他成千上萬像他一樣的人仍在絕望中掙扎。簡而言之，他永遠也出不了獄。

我收到呼叫至住院單位看他。墨袞瑞先生一直處於監視狀態，意思是一名獄警會全天候從牢房門上的玻璃門板監視他，他的工作是定期在評估、監禁照護和團隊合作（即ACCT）文件中進行記錄。如往常一樣，觀察孔上的玻璃被打碎了，當我們走近門口時，我們的鞋子嘎吱作響。大家都叫這名警官金毛，原因很明顯。他是退伍軍人，總是非常開朗。

「怎麼了，醫生？」當我走近時他問道。

「又是另一個好日子，老兄！墨裘瑞先生這次又怎麼啦？是手還是腳？」我問。

「是湯匙。」金毛告訴我。

我擔心墨裘瑞先生會用湯匙對自己造成傷害。

「他為什麼要怎麼做，Y醫生？」金毛問。

「我可以看看你的手嗎？」

金毛有些猶豫地伸出手，不確定我要做什麼，我檢查了他的指甲。

「你和墨裘瑞先生都會咬指甲。不同之處在於他是個自食者（autocannibal），他會吞下自己的指甲，他吃自己。他割下並吃掉自己的頭髮、手指、腳趾和耳朵。[148]他還吃金屬、塑膠和毒藥。這是一種稱之為異食癖（pica）的精神疾病。」我說。[149]

金色一臉厭惡地抽回他的手。

「只吃自己的頭髮稱為長髮公主症候群（Rapunzel syndrome）。[150]」我說。「這是一種罕見但危險的情況。未消化的物質在腸胃中形成腫塊，稱為毛糞石。[151]在中古世紀，它被用來治療多種疾病。」

「你怎麼知道這些東西的？」金毛一臉疑惑地問我。

「我有看書。」我說。

我感覺有人輕拍我的肩膀，轉過身看到護理師薇琪修剪整齊的手指。薇琪是住院單位的主管，總是打扮得美美的——常常穿著各種色調的粉紅色。在如此單調乏味的環境中，她愉快的儀表總會令我愣住，而她會很快提醒我，作為一名心理健康護理師，她不必穿制服。今天，在我們與墨裘瑞先生見面之前，她指出她穿著昂貴的名牌衣服，不想被任何血濺到。一些有血體液傳染病（如HIV或C型肝炎）的人會威脅說，如果惹他們不高興，就會向我們潑血。我們都知道，只要有佛萊迪．墨裘瑞先生，就會見血。

透過碎裂的玻璃，薇琪和我看著墨裘瑞先生正在忙著自己的事。他是個三十多歲的男人，坐在床邊，除了髒兮兮的內褲外一絲不掛。雖然他長期吃自己，但他還是病態肥胖。他的雙耳都被割掉了，手指和腳趾也不見了，我們可以看到他的左大腿內側有一道很深的傷口。他用塑膠湯匙從流血的肌肉刮下脂肪吃。

每當我感覺自己已經適應這個地方時，我又會遇到一些令我震驚和驚嚇的新狀況。他們請我縫合他的傷口。血順著墨裘瑞先生的腿流下，凝結在地板上。他似乎沒有感到任何不舒服，正好相反；他似乎處於恍神狀態。我真希望我沒有親眼目睹這一幕。

「那個可憐的人！」薇琪用手摀著嘴低語。

「好悲慘。」我不得不同意。

「墨裘瑞先生會挾持人質，你不能單獨進去。」金毛說。

我低聲說了聲謝謝，等另一名獄警到達時，門終於開了鎖。

「祝你好運，萬聖節快樂。」金毛在我們冒險走進去時這麼說。

一股熱浪般的惡臭迎面襲來，我踉嗆地後退。這裡聞起來像個肉舖：豬油和血。還有明顯的糞便味。那是一個異常炎熱的十月天，但暖氣卻開到最大。一個人道的解決方案是允許這些人自行調節他們牢房中的溫度並改善通風嚴重不足的情況。假設十月便是寒冷、而三月春季開始時就溫暖，這過分簡單化了。監獄裡有層層重疊的鬆懈和不重視，那麼多的囚犯並沒有徹底發狂，實在令我驚訝。

「嗨，墨裘瑞先生。我是Y醫生，我可以進去嗎？」我問。我站在門口，用嘴巴呼吸。

「我說過，不要巴基佬，也不要穆斯林！」墨裘瑞先生朝著我的方向大喊。

種族主義的重擊讓我一時間喘不過氣來。監獄中的任何差異都可能被利用和成為武器，我知道這一點。所有種族都變成污點；女人被稱為婊子，或者，回溯到遠未開化的時代，被稱為蕾絲邊。我以為我在這種環境下工作，已經養成厚臉皮了。我選擇罪犯健康照護的其中一個原因是，我想讓自己變得更堅強。監獄教會我重新評估和重視對我而言真正重要的東西。但我還是驚呆了。

巴開頭的詞刺到我了。我以前被叫做黑人雜種，但我設法避掉這刻意的冒犯，因為就各方面來說，我不確定自己是否真的是黑人。政治意義上的黑人是否包括所有非白人？這個世界是否整齊劃分為黑白二元？這些都是複雜的問題，需要其他時間仔細思考。就現在而言，我合理化的認為，我的詆毀等級中，黑開頭的詞勝過所有侮辱，如果墨裘瑞先生這麼稱呼我或其他任何人。我會終止諮詢並請另一位同事接替我的工作。但巴開頭的詞也相去不遠。

薇琪提高音量警告他：「墨裘瑞先生，國民健保署不會容忍任何對其員工的辱罵，明白了嗎？」

「閉嘴，妳這個假塑膠臭婊子。」墨裘瑞先生大吼。

「別忘了這個『假塑膠臭婊子』是給你藥的人！」她吼回去。

他嗤之以鼻。鮮血從他的嘴巴流出。我怎麼會被像他這樣的人冒犯呢？我必須深入自己的內心，找到更深處的同情心。

「我是今天唯一的醫生。你要嘛就接受，要嘛就等到明天。」我用願意和解的語氣說。

「隨便。」墨裘瑞先生不屑一顧地說。他把湯匙舔乾淨了。

「好。」我沒太大反應地回應，意識到這種半推半就的接受是必要的。他推斷出，關於我這個人，聊勝於無。我跟著警官們走進牢房，避開地板上的一大片血塊，有些已經乾掉了，有些還很新鮮。

監獄幾乎是全然地灰。灰色的水泥地板、灰色的磚、灰色的運動服和灰色的臉龐。墨裘瑞先生的整個形象更增添了無情的陰鬱。他佔據了整個房間，使它看起來小好多。他的單人床固定在角落地板上，我注意到像他這麼龐大的人是不可能擠上那張單人床的，所以他肯定睡不著覺。牢房裡充斥著他沒洗澡的體臭和感染潰瘍的惡臭味。我不知道我該如何離他足夠近，又能在不作嘔的情況下為他縫合。我試圖推開小窗戶讓新鮮空氣流進來，但它被釘死了。一如既往，窗戶兩側的通風孔都堵塞而無用。外面陽光普照，但他用舊報紙貼窗戶，使房裡保持黑暗。天花板上刺眼的燈光照亮了他，使他灰色的皮膚看起來幾乎是半透明的。他讓我想起法蘭西斯・培根的一幅畫。

監獄鼓勵囚犯個人化他們的牢房，即使他們的預算有限，但多少有點家的感覺。籠罩在一片幽暗中，至少有一座燈塔。墨裘瑞先生床邊牆上貼著一幅鮮艷的拼貼圖，用牙膏固定著。牙膏像新傷痕般地從圖片中滲出，讓幸福的家庭及美好的海灘假期似乎蒙上一層陰影，吞噬著他們的心。我再仔細一看，發現我原以為的個人照片，墨裘瑞先生人生中快樂時光的產物，其實是從雜誌上剪下來的。他把自己的大頭照片疊加在圖片中男人的身體上，這是一個癡心妄想的心碎構圖。

我不得不轉過身去，他的痛苦就像照片上的牙膏一樣滲入我身體。我清了清喉嚨，試圖在這個地獄裡找到些許光明的事物。他的床邊有一疊書，大部分是史蒂芬・金和狄恩・昆茲的小說。

「你喜歡恐怖小說？」我問。

「你看不出來嗎？」他笑的時候露出黑黑的牙齦和缺失的牙齒。沒有任何恐怖故事可以與他的存在相抗衡。這一切太真實了。

「我以前很喜歡恐怖片。」我輕聲地說。

「現在不喜歡了？」墨裘瑞先生問。

我搖搖頭。

「像你這種有錢的醫生——我敢打賭你住在宮殿裡。」他輕蔑地說。

「你絕對想不到的。」

墨裘瑞先生用肥皂雕出非常精緻的泰迪熊和骷髏頭，它們像是替代家庭一樣圍繞著他。他在雕刻方面很有天賦，我向他祝賀。

墨裘瑞先生告訴我們，「警官不給我蠟筆和彩色鉛筆，因為我一直把它們吃掉或放進我的傷口裡。我只能用湯匙雕刻，有時候他們也會把它拿走。但，問題是，沒有什麼比傷害自己感覺更好了，當我看到血液離開我的身體，我就感覺好多了；它帶走了痛苦。」

我讀過他的檔案。我知道他自小時候去寄養家庭時就開始咬自己了。自殘是他最古老的應對機制。

「你為什麼要拆掉線？」我指著他腿上裂開的傷口問道。

墨裘瑞先生說：「因為我很痛，而且沒有人要幫我，所以我在抗議。」

我謹慎地說明，他的腿之所以會痛是因為他把湯匙放進傷口裡。疼痛是身體抵禦傷害的防禦機制。一般的經驗法則是不要超過疼痛極限。他想增加舒痛停的劑量，我解釋了他在二十四小時內已服用了四百毫克的最大劑量，再多是不安全的，這可能會損害他的肝臟和腎臟，他可能會出現呼吸問題，陷入昏迷而死。

他朝我伸出湯匙。沾滿血跡的脂肪在湯匙上搖晃。

我搖了搖頭。不。

他聳聳肩，把湯匙舔乾淨。

「精神科醫生明天會來，墨袞瑞先生，你可以跟他們討論你的用藥。你想要我現在幫你做一些新的縫合嗎？」我問。

「我自己會用一點金屬和毛毯線縫，但現在愈來愈難縫了，因為疤痕組織很硬。在我感染到金黃色葡萄球菌（MRSA）後，不到兩天縫線就脫落了。」墨袞瑞先生對著房間宣告，這是第一次有獄警們進來。他似乎很享受於驚嚇我們。

金毛的同事突然吐了，不舒服地倒在地上，他的臉毫無血色，看起來好像快暈倒了。我護送他走出牢房呼吸新鮮空氣。金毛先用衛生紙蓋住那一片髒亂，直到清潔小組的一名成員來處理為止。

「我待過阿富汗的赫爾曼德，沒什麼可以嚇到我，醫生。」金毛說。

但我可以看出他的臉色也變得蒼白了，我需要趕快縫合墨袞瑞先生的傷口，這樣我們所有人才能離開。

「最好不要對自己動外科手術。」我告訴他。

我暫時性地從他手上接過湯匙，盡可能不表現出任何明顯的不悅。薇琪推著手術台車和縫合工具組進來。

「薇琪，妳願意當我迷人的助手嗎？」我問，試圖緩和一下氣氛。

「這是我的榮幸，醫生。」她微笑著回答。她那用日曬機曬黑的臉色也變得蒼白。我需要加快腳步工作。

我戴上手套，檢視了他腿上十公分長的傷口，它散發出惡臭，我用嘴巴吸氣和吐氣。雖然墨裘瑞先生已經吃掉了脂肪，但他並沒有切掉蓋在上面的皮膚，傷口邊緣沒有捲曲及壞死。他身上滿是傷疤和監獄刺青，細微的蜘蛛、鳥和魚彷彿在他腐爛的傷口裡進進出出。他身上大部分的刺青都是藍色墨水，好似他用沉重的手在自己身上塗鴉那樣。他的手臂上列出一排女人的名字，大概是前女友，但願不是受害者。線穿過她們。

我估計在我縫合後不久，墨裘瑞先生很可能又會再次自行拆線。他會把筆、湯匙、灰塵或糞便塞進滲出的傷口。他已在進行長期的抗生素療程，同時也是一名如何產生抗藥性的個案研究。[152]當他的傷口化膿時，他由隨行人員陪同轉診到外部醫院，接受靜脈注射抗生素。醫院發現他很難管理，因為他嚇壞了其他病人，他對工作人員粗暴辱罵，他偷竊並吞下珠寶、筆、電池、湯匙，所有他能找到的東西。他曾多次腸穿孔。醫院的醫生寫信給監獄表達了他們的挫折，我們都理解，但我們是他的監護者，必須確保他的照護不會因他粗暴的性格而受到影響。但儘管如此，由於他曾威脅要傷害那裡的醫護人員，他被暫時禁止進入當地的多家醫院。他現在不得不去近郊醫院接受手術，在某個還未聽聞他名聲事蹟的地方。有時他自行出院，然後又被送回監獄，回到那個他和他的傷口持續潰爛的地方。

精神科醫生診斷出墨裘瑞先生患有情緒不穩定人格障礙（emotionally unstable personality disorder），[153]這之前被稱為邊緣型人格障礙（borderline personality disorder），免於與雙相情緒障礙（bipolar affective disorder）混淆。人格障礙不屬於精神疾病，這代表他不符合根據《精神衛生法》予以分類或被轉移到心理健康部門的資格。

我們的思想、感受和行為決定了我們的性格。佛萊迪·墨裘瑞先生的性格為他自己以及他生活中的人帶來長期存在的問題。他很難駕馭自己強烈的情緒，這些情緒波動得比他所能控制的速度要快。他行事衝動，他說，除了自殘時感覺麻痺，多年來他一直有自殺傾向。儘管他每天都在努力自殺，但我們的職責是讓他活著；他多次服用過量藥物，並多次在脖子上勒緊繩索。有時候覺得我們好像只是在延長他的死亡，而不是給他真正的生命。即使是我在照顧他的時候，我也為自己的無用行為感到懊惱。

我用棉花棒擦拭他所有髒傷口，送至微生物學部門檢驗，看他是不是有長出任何不尋常的寄生蟲。然後我用生理食鹽水輕輕地清洗他的瘡傷。當我把腿部裂開的邊緣靠在一起時，我注意到皮膚上覆蓋著一個巨大的卍字符號刺青。

「嗯……真尷尬。」我說。

墨袞瑞先生大大地嘆了口氣。

「卍字符號是印度的，佛萊迪．墨袞瑞也是。」我喃喃地說。

他稍微地拉開距離。「醫生，你為什麼不回去你的國家，照顧你們自己人呢？」墨袞瑞問我。

他的語氣沒有敵意。以前有人問過我這個問題，通常是年老的中產階級人士，他們不習慣健康照護體系中有這麼多黑色和棕色面孔。在他們看來很明顯，因為我是棕色皮膚，所以我不可能是英國人，一定是來自其他地方。我的朋友馬修，他父親是澳洲人，母親是威爾斯人，但他的金髮、藍眼以及和我一樣的英國口音，使他從來沒有被人問過他的出身，也從來沒有人要他回去原本的地方。

我對佛萊迪．墨袞瑞先生的回應是預先默誦過的，但發自內心。

「你就是我的自己人。」我說。

他的眼神閃爍了一下，我們的交流有了突破，他對我軟化了。當我看著他時，他的肢體語言放鬆了，也保持著眼神交流。

我在傷口邊緣注射了利多卡因（lidocaine），讓局部麻醉。幾分鐘後，我用針頭戳了一下，看看麻醉劑是否起作用了。

「會痛嗎？」

他搖搖頭。

「好的，那我可以開始縫針了。你準備好了嗎？」我問。

「我需要播放我的歌曲，它會讓我放鬆，會讓我想起過去吸食海洛因的美好時光。」墨裘瑞先生說。

金毛問：「是殺手樂團的嗎？」

「不是，是天霸泰尼（Tinie Tempah）的『昏過去』（Pass Out）。」墨裘瑞先生說，很顯然地他腦海中浮現這個笑話。

「所以你不是皇后合唱團的粉絲？」在他擺弄他的CD播放器時，我問。

「不是，我為什麼會是？我討厭那個酷兒。我只是喜歡那個名字。」墨裘瑞先生說。

「別那麼壞。」我責備他，但他只是聳了聳肩。

他的歌開始播放，我必須抓住他跳動的腿。這首歌始於一聲嘆息，然後歌手以昏沉無力的聲音宣布他準備開始了。薇琪和金毛認得歌詞，開始在密閉空間裡又唱又跳。另一名獄警站在門口也隨著節拍點著頭。我笑看這整個情況有多麼荒謬。不知道外人看到會作何感想，沒人會相信的。

我在心中默禱，然後開始縫第一針。在任何治療過程開始時呼喚真主之名是我的一個老習慣。每一次與像佛萊迪・墨裘瑞先生這樣的人互動都教會我要慶幸和知足。儘管世界有著苦難，但同時有著美好，而我可以成為良善的一部分。我插入針，從傷口中間開始，用鑷子緊緊夾住損傷的皮膚，直到針順利插入。我費勁地將縫線穿過堅硬的疤痕組織，前結、後結、前結、後結，盡量不要勾到鑷子或墨裘瑞先生的毛髮。當這首歌播畢後，他又放了一次、又一次。恍惚的曲調形成一股迷幻循環，與我的縫合同步，向前、向後、向前、向後。我全神貫注地盯著腐爛的傷口，試著不呼吸。當我屏住呼吸時，傷口似乎在我跳動的眼睛前方膨脹和收縮。音樂、熱氣、不良通風和惡臭令我想吐，隨時可能會昏倒，但我必須繼續做事，直到工作完成。

「會痛的不是縫針，是皮膚和肌肉被拉回在一起的時候很痛。修理壞掉的東西一定很有成就感吧？」墨裘瑞先生蓋過音樂聲問道。

「是的。」我說，因一切結束而鬆一口氣。雖然我知道這個表面傷口是墨裘瑞先生身上最小的傷。

我拭去血跡，洗理他的腿。我用紗布蓋住了卍字符號。薇琪和我收拾著針、線、鑷子和棉花棒。我們必須確保沒有留下任何可用於自殘或用作武器的東西，因此，標準程序總是清點取出，並再次清點收回。墨裘瑞先生已經在服用抗生素，手術縫合線應該會在五至七天內拆除；前提是他沒有提前將它們拆掉，這種風險總是存在的。薇琪說她稍後會多查看他。我懇求他不要拆掉我辛辛苦苦縫合的縫線。

「醫生，你做得很好。」墨袞瑞先生說。

這是最接近謝謝的說法了。無論一個人有多麼難相處，我總是試圖找到他們的人性。有時候，我必須極其努力地尋找它。我注意到他的眼睛是綠松石色的，上面閃著金色斑點——就像他床邊某張照片中的熱帶海洋一樣。我突然為眼前這位麻煩人物感到一陣悲傷。他遞給我一個帶有心形眼窩的骷髏雕刻肥皂。

「很抱歉，但我不能接受禮物。」我說。

「這是萬聖節的禮物。」墨袞瑞先生回我，試著把它塞給我。

「我不行，抱歉。」我重複道，如果祝他萬聖節快樂感覺很傷感。

當我走去消毒室洗手時，我試圖梳理剛剛發生的事情。

「你是個勇敢的人，醫生。」薇琪輕聲說，她跟著我走到水槽邊。

「我們要怎麼才能阻止他自我傷害呢？」我問。

「這麼多年來，他們什麼都試過了。」薇琪說。「什麼都沒用，如果你看過他過去的記錄，你會發現他患有『悲慘人生症候群』（Shit Life Syndrome）。打從他出生的那一刻起，他就沒有任何機會了——他有一個不斷缺席的母親。依他所做的自殘行為，做得太過頭也只是遲早的事。」

我調查了佛萊迪．墨袞瑞先生稱之為家的住院單位的混亂狀況。它總是客滿，絕大多數是等待社區心理健康床位的心理健康患者。如果有緊急住院，我們需要騰出一個房間來安置他們。一條長長的白色走廊，兩側各有十間牢房。沿著它走讓我想起了電影《沉默的羔羊》（The Silence of the Lambs）中的一個場景，當史達琳探員第一次見到漢尼拔．萊克特時，她必須先穿過所有其他牢房才能抵達他的牢房，過程中展現出種種令人不安的行為。和墨袞瑞先生的一樣，每扇鎖上的門都有一個與視線平齊的小觀察孔。而且，也如同墨袞瑞先生的一樣，許多玻璃面板都被砸碎了。手臂從碎裂的玻璃中伸出，尖叫聲和踹門聲震耳欲聾。有一股強烈的陳舊尿味和腐爛味。一些住院病人在性方面不受拘束，他們想在取悅自己時進行眼神交流。當我們經過時，閃避已成為我們的第二本能。我們會一直盯著骯髒的地板以免滑倒。

對我來說，置身監獄裡最強烈的感知之一是，當一道厚重的鐵門砰地一聲關上時所感受到的震動。當你的骨頭格格作響時，你需要時間來適應，直到不再跳躍或顫動。也許這就是工作人員所指的監獄滲進你骨子裡的意思。問題是，一旦你習慣了這個環境便很難離開。即使才進來幾個月，一想到要回到社區全科醫生的崗位上，拿著一份「正常」病人的名單，我就感到恐懼。我喜歡在罪犯健康照護中每天的未知。我告訴我自己，我在混亂中茁壯成長。

「這是一個非常奇怪的地方。」我對薇琪說。

「喔，是的。一個非常奇怪的地方，到處都是奇怪的人。這裡總是充滿驚喜。」

幾天後，他們發現佛萊迪・墨裘瑞先生在他的牢房裡上吊。獄警們把他放下來並開始施行基礎的生命支持，直到醫療小組抵達。當時我在早上的診間，沒有攜帶無線對講機，我並不知道急救代碼正在進行中，但我總覺得監獄裡有些不對勁。我的嘴巴變酸了，脖子後的汗毛都豎起，我彷彿能聞到刺痛鼻子的醋味和強烈氣味。我無法解釋我的預感，但我匆匆結束手邊的問診，然後我跑去找管理團隊的海莉，她告訴我其中一個牢區有緊急情況發生。我一路奔跑，我向主祈禱，不要是佛萊迪・墨裘瑞先生，他在前一天才從住院單位出院並移至那個牢區。

我們昨天在MDT會議上討論他。艾蜜莉醫生和我都覺得他正在服用的雞尾酒藥物並不安全。他被關押在各個監獄的這些年裡，醫生和護理師一再記錄他們非常關切墨裘瑞先生的求藥行為。我也對這樣的多重用藥感到震驚，這意味著他被開處非常多種藥物，這些藥物可能會交互產生不良作用。藥單很長：專思達長效錠七十二毫克（Concerta XL）每天一次，普瑞巴林三百毫克每天二次，唑匹可隆十五毫克晚上服用，煩靜錠十毫克每天二次，尼夫平（nefopam）六十毫克每天二次，舒痛停長效型四百毫克每天一次，嗎啡五毫克每天四次。在過去一年裡，其他兩名患者都因服用類似的藥物組合而死亡。這必須要停止。

多年來，墨裘瑞先生這麼嚴重地傷害自己，他一定很不舒服。而問題總是，該如何最完善地處理他的痛苦?他曾多次因外傷被送往醫院。脊椎外科中心和疼痛門診記錄了他多種症狀，有時甚至是相互矛盾的症狀。整形外科醫生也為他提供了治療方案，如激痛點注射（trigger-point injections）和頸椎關節注射（cervical facet-joint injections），這可能有助於減少關節周圍的任何炎症，進而減輕他的疼痛。他拒絕了，他說他想要更強效的止痛藥，我們不能提供這些藥物給他，因為這並不安全。他接受了精神科醫生的檢查，他們診斷出孟喬森症候群（Munchausen's syndrome）、多重自殘和人格障礙特徵。

如果他要求更多鴉片類藥物的需求得不到滿足，他通常會自殘和服用過量藥物。他會躺在地上數小時，說自己癱瘓了。有時他大小便失禁。當他沒有意識到有人在觀察他時，他會起身四處走動。有時他會表現得像中風一樣，口齒不清，拖著右半身走路。幾個小時後，他會要求去健身房，或者會看到他在操場上跑來跑去打太極拳。他歷經了流鼻血、吞嚥血液、接著抱怨吐血的階段。如果我們有任何外部訪客，像是照護品質委員會，他會躺在地上，呈現處於無人照顧的狀態來嚇他們。當他們離開時，他便站起身來，愉快地對我們比中指。

在MDT會議上，我們還提出疑慮，擔心他會對護理人員吐口水或威脅要傷害他們。眾所周知，他還會欺負住院病房的其他病患索取藥物。我們建議他試著開始降低他的用藥劑量並逐漸減少。一開始，他還低著頭跟我們一起開會，但隨著會議流程進行，他開始強烈反對，他抱怨我們在懲罰他，我們想讓他痛苦。他說如果我們動他的藥，他會加重他的自殘行為。

我們通知他，最近有一名坐輪椅的脊柱裂患者來到監獄，由於他的情況複雜，無法在側翼樓接受治療。墨裘瑞先生需要先搬移到主要牢區，為該名患者騰出空間。他拒絕離開住院單位，他說那是他的家。我跟他解釋這不是永久性的搬家，而是一次緊急要求。在住院單位，我們沒有其他地方可以安置脊柱裂患者。他開始咒罵我，墨袞瑞先生說他會吞下刀片，他的生死操之在我手中。他說他在嘴巴裡藏了一片刀片，威脅要割開我的喉嚨。在那次爆發時，我們終止了MDT會議，獄警將他帶走，並在他身上搜尋刮鬍刀片——並沒有找到。我更新了他的ACCT照護計劃文件，記錄下他威脅傷害自己與他人，他遭強行遷出了住院部，搬到側翼樓。

我剛抵達他的新牢房，正好聽到納洛酮女王史蒂芬大喊：「找醫生！」

墨袞瑞先生躺在地板上。史蒂芬、布萊恩和心理健康助理克莉斯正努力對他進行復甦。他的心臟停止、沒有呼吸，他的脖子上有一道深紅色的傷口，繩結嵌進他的肉裡，他的皮膚呈現藍色，眼睛從眼窩裡凸出。我們曾經救回其他和他一樣走得太遠的人，而這些樂觀主義者，全都動員了。我們按壓他的胸部，並試圖透過一根穿過他喉嚨的i-gel插管供給氧氣。護理師們正努力找到靜脈注射處，因為他的皮膚傷痕累累，而他的靜脈已經萎陷。牢房很狹小，而他是個大塊頭。我們彼此越過來繞過去的，就像一段現代舞或一場怪誕的龍捲風遊戲。我在他的手腕後面找到一條靜脈並插入針，這麼一來我們就可以投藥了。我決心再給他一次機會。

由於頻繁的自殘和自殺未遂，墨袞瑞先生在過去十年的大部分時間裡都接受ACCT照護。昨天他從住院部出院時，他的ACCT已從持續觀察監督降至每小時四次監視。一名獄警必須每十五分鐘查看一次他，日以繼夜，在夜間，還包括要以手電筒照看，確保他有在呼吸。但現在是下午，我不明白他怎麼會有這麼長時間無人看管，時間長到足以上吊。

原本應該透過觀察孔監看他的年輕獄警站在牢房外，臉色鐵青。顯然受到創傷，這個可憐的人一直在問墨裘瑞先生會不會好起來。我們說我們正在盡最大努力。當獄警走遠時，護理師告訴我，據說，墨裘瑞先生跟他要了一些東西，這名獄警離開的時間比預期還久，當他回來時，他發現墨裘瑞先生被撕裂的床單吊在翻起的床上。床是用螺栓固定在地上的，但他設法扭開了它，趁沒有人注意到的時候，他大概花了一段時間。現在，一有機會，他在幾分鐘內就把床翻起，把自己吊起來了。墨裘瑞先生或許有呼救，以為獄警會比他實際的更早回來，他可能掙扎著解開勒緊在他喉嚨上的繩結。無論發生了什麼，他的最後時刻都是痛苦和充滿恐懼的。

當我試圖使他恢復知覺時，我意識到他殺死自己只是時間早晚問題，我們全都知道這一點，然而我們全在這裡，跪在他身邊試圖把他救回來。我們並沒有去想他是否想要活回來。我們為墨裘瑞先生急救了三十分鐘，直到急救護理人員到達。他們證實了我們不想承認的事實。他已經死了。失敗了，我們停止對他的急救。我們看著冰冷的黑暗從他的手指和腳趾朝內擴散，直到它像面紗般地蓋住他的臉。我記下死亡時間。我們癱在他的牢房裡，筋疲力盡，試著平息呼吸。

「我們需要聯繫他的直系親屬——我不想打那個電話。」史蒂芬說。

「我不認為他打算這麼做。他以為獄警會早點回來的，但他時機不對。他已經被救回那麼多次了，他的運氣就這麼用完了。」克里斯若有所思地說。

「我們死因裁判法庭上見。」我悲慘地低喃。

所有在拘留期間的死亡都被認定是不尋常的，勢必要提交至驗屍官那邊。[154]任何記錄在患者病歷中的人都會被傳喚到死因裁判法庭上作證，沒有人想去那個法庭。我們知道懷有敵意的律師會把我當作刑事過失或像希普曼那樣的殺人犯來對待。

「你做的記錄很詳盡，你會沒事的。」布萊恩說。

「這不是重點。」我說。「到時會有一個搞不清楚監獄裡在幹嘛的陪審團。他們會認為所有的死亡都是可以避免的，人們之所以會受傷是因為我們漠不關心。他們不知道我們工作有多辛苦，我們有多投入。」

我們確保現場保持原狀讓法醫調查，我們避免碰觸墨裘瑞先生的身體，我們甚至不能闔上他的眼睛，他用來上吊的繩結必須留在獄警剪斷後掉落之處。我看著墨裘瑞先生貼在牆上的照片拼貼和他引以為傲的肥皂雕塑。

「真是該死的遺憾！」我說。

牢區安靜得不祥，當有人死亡時一向如此。

「他死了嗎？」一名囚犯叫道。

我垂下了頭，他無需再多問了。

我在走道上遇見傑米・洛維爾。他遞給我另一首他寫的詩。我真的不想看，不是現在，但他那麼熱切，我不能讓他失望。我在歸還它之前仔細閱讀了。我很慶幸我有花時間這麼做。

「看了你的詩是今天最美好的事。我真的為你感到驕傲，傑米，繼續保持。」我告訴他。

「謝謝你，Y醫生。」傑米笑著說。

我和我的同事前往會議室進行團體匯報。典獄長和監獄官員與健康照護主管們全部聚在一起。原本應該一直監視墨袞瑞先生的年輕警官現在哭了起來，他的同事們紛紛安慰他。他因為把墨袞瑞先生放下來、開始復甦並呼喊求救而受到讚揚。參與在其中的人都獲得安慰，但我們都在自己的失敗中感到迷惘。其他人離開後，我在會議室裡坐了很久。艾蜜莉醫生過來找我。

「我們能做的都做了。」艾蜜莉說。

「那為什麼我感覺糟透了？」我問。

艾蜜莉說：「因為身為醫生，我們想要挽救生命，而有人正在死去，尤其是死於自殺，感覺好像是我們辜負了他們。」

「我們辜負了他，我辜負了他。跨專業醫療照護體系辜負了他，他悲慘的成長過程辜負了他，藥物辜負了他，那個缺乏訓練的年輕獄警辜負了他，長期人手不足辜負了他，我們身處的監獄和健康照護系統正在崩潰，而我們所做的只是維繫。醫生們陸陸續續地離開這個國家，似乎沒有人會問為什麼。監獄健康照護是個馬戲團，我們留不住優秀的員工。我們從一場災難跑向另一場災難。我們沒有進行重要的事件討論，而這辜負了他。在最初的匯報後（這是我們僅有的一次交談），我們就不再討論拘留期間的死亡了，這也辜負了他。沒有人聽從醫生的話，這辜負了他，也辜負了我們。我們把廁所當報到診間用──我還要繼續講嗎？」我問。

「要安排任何會議都很困難，因為所有醫生都在不同日子工作。後勤單位又錯綜複雜。現階段並沒有醫療主任發送通知，讓我們所有人了解最新狀況。接下來會招募更多的全科醫生到這裡工作，情況會變好，不要灰心。你是一位很棒的醫生，遠遠超出預期，任何人都有看到這一點。」艾蜜莉試圖安慰我

「我真的不認為醫學院有為我們該如何成為一名醫生的實際工作做好準備。我們學習每個細胞結構以及疾病和其治療方法，但幾乎沒有關於這份工作實際需要什麼的內容。我甚至不知道罪犯健康照護是一門專業。我們必須處理所有這些事情，複雜的局面、決策疲勞、不尋常的工作環境──這些都沒有談論過。親身經歷令人震撼。他們不應該稱之為一般診療──這沒有什麼是一般的！」我生氣地說。

她開始大笑，最終，我也跟著笑了。

「我希望他們教給我們管理用語和百言無語的政治。現在這是一種技能。」艾蜜莉說。「政客、典獄長和主管們談論『重組和變革』，但他們實際上意指著削減成本，這正會危及生命。我們要向誰投訴？誰會聽？你要記得我們才來這裡幾個月而已。」她提醒我。

艾蜜莉和我都還處於學習新事物的階段。她希望我們獲得的經驗愈多，事情就會變得愈順利。我沒那麼確定。

「當這件事上呈到死因裁判法庭時，他們會說我把他趕出住院部，隔天他就自殺了。」我說。

「多年來他一直自我傷害，我們不能為此責怪任何人。」她說。

「一個三十多歲的人就這麼失去生命。我覺得我本來可以為他做更多的，但我甚至不知道我還能做些什麼。」我重重地倒回椅子上。

「他們會為我們安排法庭技巧訓練。」艾蜜莉說。

「我們會需要的。」我說。

第十二章 人，時，地，何？

無庸置疑，但值得再重複說一次。健康照護人員和監獄官員不希望他們所照管的人死去。我們類似於從他們的脖子上割斷套索，有時甚至就是字面上的意思。監獄裡的護理師和獄警會攜帶稱之為「魚刀」的安全刀具，因為上吊情況很常見。[155]魚刀之所以叫魚刀，是因為它們的形狀確實像條魚，除了幾公分或內口之外，其他都包覆著厚厚的塑膠外殼，這類似於安全剪刀，無法當武器用。邊緣沒有鋸齒，要使勁才能割斷繩結。在發現有人吊掛而感到震驚的同時還必須這麼做真的需要一些勇氣。

我想不出還有什麼比從觀察孔望去並發現某人的腳懸在空中更糟糕的事情了。克莉斯在值夜班時發現一名男子上吊。牢房已熄燈，所有牢房的門皆已上鎖。她正在執行一名ACCT患者每小時的查看工作，她用手電筒透過觀察孔望去，看見他光溜溜的腳懸在半空中，急忙呼救。當這個人被放下來時，他已經沒救了。他在出庭前一天晚上自殺，他寫了一封信，宣稱自己是無辜的，他還擺放好一套西裝，要求下葬時穿。這是她多年來一直銘記在心的畫面。

有時，當我們把某人從鬼門關拉了回來，他們會非常感激，並會說那是一時的瘋狂或迫切需要幫助的舉動。一名倖存者的脖子後方有個蟹足腫，也就是肥厚性疤痕，繩結嵌進了他的皮膚。這是他最黑暗時期的一份永久提醒，每當他情緒低落時，他都會觸摸它，他提醒著自己，他現在處在一個更美好的地方。然而，有時我們會救回一些不想被救的人，那些眼淚充滿憤怒，他們怨恨我們，他們保證下次會做得更成功，我們努力確保下次永遠不會實現，但這很困難，特別是在監獄裡。出於這個原因，我會詢問我所問診的每一位患者，他們是否有任何自殘或自殺的念頭。即使他們只是因為咳嗽或感冒而來，我也會詢問他們的心情。如果我能與他們建立起連結，或許他們會告訴我一些需要被傾聽的事情。

監獄是一種極其折磨人的經歷。許多囚犯無法承受。在英國，每四天就有一人死於監獄，這已成為全國性的醜聞。[156]根據司法部統計，二〇一九年發生了六萬一千四百六十一起自殘事件，已高於二〇一四年的數據。[157]監獄中存在著不容忽視的心理健康危機。[158]如果不是積極地試圖自殺，囚犯必然也會藉由傷害自己或吸毒來賭命。在每次問診結束握手之前，我都規勸不要使用香料等毒品。遺憾的是，我目睹的許多死亡都是因毒品而變複雜的。即便死因是上吊，但毒理檢測結果顯示含有毒品，也會將其記錄為促成因素。[159]這還不包括那些被我們英勇的護理師和醫護人員以及像史蒂芬這樣的人所救活的許多未遂事件。

假如有合理的理由懷疑死者死於暴力或非自然死亡，如果死因不確定，或如果他們在監禁或拘留期間死亡，都會觸發驗屍官調查，根據定義，所有在囚期間死亡（deaths in custody，DIC）都需呈報至驗屍官，由他們決定是否進行調查。驗屍官會是一名獨立律師，或有時是受過至少五年培訓的醫生，接受任命進行調查。[160]

就佛萊迪．墨裘瑞先生的案例，代表健康照護的事務所律師團提供了一日調查訓練研討會，我們討論了調查、提供證據、撰寫證人陳述書以及最重要的是如何在法庭上作證。我對律師的看法已經因在監獄工作而受到影響。囚犯們常常對他們的法律代表感到不滿，來找我看診時常常將這些寫進他們的遭遇清單中。我們還收到許多代表囚犯的律師事務所寄來的煽動信件，這些信件指控我們有醫療疏失。

代表健康照護的出庭律師，她父親是一名醫生，因此，她理解我們對於她職業的疑慮，她能夠以幽默的方式消除我們的擔憂，與她交談後，我感到輕鬆許多。和我一同出席佛萊迪．墨裘瑞先生的死因裁判法庭的所有職員有：凱許、格雷姆、克莉斯、艾蜜莉醫生、史蒂芬、迪恩和布萊恩。

「驗屍官會問四個問題。」出庭律師告訴我們。「誰死了？他們什麼時候死的？他們死在哪裡？他們是怎麼死的？這些情況構成了調查主要內容。首先，你需要透過證人陳述書來說明回答這些問題。」

我快速看了一下我的證人陳述書，它長達二十多頁。內容始於我的名字和專業資格，接著詳述我與墨裘瑞先生的每一次互動。我寫了他顯然深受折磨，對我而言，他的痛苦在書面上是極其明顯的；它在我寫下的文字中嗡嗡作響。我記下我們已經在MDT會議上參與討論他，也已經告知他的藥物會慢慢減少。我記錄了他從住院病房出院，因為有人需要床位，然而沒有其他的可用空間。他在接到這個通知後的二十四小時內自殺了。我知道對方律師會把我這個舉動與死因直接聯繫在一起；另一方面，如果另一位患有脊柱裂的人被剝奪了照護並因此死亡，我也將為此負責，這是一個雙輸的局面。最重要的事實是，有個人死了，其他的都不重要。我完全預料到我作為一名監獄醫生的相對經驗缺乏，我的專業聲譽和我的職業都會受到審查，所有這些都對我不利。

「證人陳述書反映出你的專業地位。」律師說。「根據醫學總會，這是一項職業義務。[161]這是對所發生事件的同期陳述，列出證據並解釋通常的作法。以稱謂和姓氏提及患者。解釋所有醫學術語。第一次使用縮寫時，請先完整列出。請記住，這份陳述可能會被宣讀，並會構成你提供證據的依據。說實話很重要，如果你不記得了，請直說。調查可能在死亡後數月或數年才進行，記憶缺失是可以理解的。當你在證人席上接受交互詰問時，你不會希望被指控為說謊，你可能因作偽證而入獄。避免給出相互矛盾的故事。」

有太多資訊需要吸收，我在律師說話時做筆記。

「有看過法蘭西斯調查報告的請舉手？」律師問道。

我們全都舉起了手。法蘭西斯檢討報告是在二〇一三年二月發表的——大約是我開始在這所監獄工作的時候。這份報告調查了在二〇〇五年到二〇〇九年間，梅德斯塔福郡國民健保署基金信託（Mid Staffordshire NHS Foundation Trust）的醫療疏忽。[162]它發現導致枉死的原因之一是人力不足。醫護人員在提出他們的擔憂時沒有得到應有支持。由於該報告的效應，現在醫療機構需要公開和誠實，必須消解對健康照護、監獄服務和警察服務中普遍存在的指責文化。我不相信承諾的改變已實現，環顧整個房間，我看到同事們臉上緊張的神情，我發現他們也不相信。

「任何證人陳述的基本要點是必須清晰明瞭。」律師繼續說道。「必須要用打字。拼寫、文法、標點符號都一定要檢查。使用簡單的英語。注意患者的隱私。避免無謂的評論。大聲念出來。不要推測或提供傳聞證據。這不是評判你的雇主或同事的法庭。在陳述的最後表示誠摯的哀悼。在法律團隊審查之前不要簽名。」

直到現在我必須準備一份證人陳述時，我才意識到保持良好記錄的重要性。或許我的記錄很冗長，提供了太多細節，而我也提供給律師們足夠的資訊，如果他們想，他們可以對我進行數小時的交互詰問。我很羨慕醫護人員可以用短短幾行字記錄他們的互動，他們會在幾分鐘內就離開證人席。由於我習慣做詳細的筆記，我可以設想自己待在那裡幾個小時，而這個想法令我感到恐懼。

我們的律師解釋，調查是在陪審團面前進行的。監獄由其法律團隊代表，罪犯健康照護部門有單獨的代表。有時，監獄的法定代表和罪犯醫療部門的代表之間可能會發生爭論甚至敵對。死者家屬也會有其律師，家屬被視為利害關係人，如果他們願意，他們也有權詢問證人。[163]當我想像要面對一個悲傷的家屬時，我的心就沉了下去。我理解他們的憤怒，未經時間過濾，這是正當的憤怒。他們的家人在我們的照護之下去世了。

還有更多。

「在死因裁判法庭上要記得呼吸。」律師繼續說下去。「你已經宣誓，協助法庭是你的義務。要稱驗屍官為『先生』或『女士』，不是『殿下』——相信我，這真的有發生過。仔細聽每一個問題，等他們問完問題再回答，打斷會被視為挑釁。回答你被問到的問題，不多也不少。不要只回答『是』或『否』，這也會顯得防備，但是，也不要東拉西扯，如果你不知道答案，請不要誇大其詞。對著驗屍官和陪審團說明你的回答。有時，家屬的律師會把沉默曲解為不確定或內疚。在你回答問題後，他們不會有所回應，讓沉默寂靜停在那裡，不要覺得有必要說些什麼填滿它。這裡不同於其他法院，律師可以提出引導性問題，他們可能會說出很荒謬的暗示。不要生氣。在回答每個問題之前先喝一口水，水是你的好朋友。」

這一切都很有幫助，但我還是感到惴惴不安。我知道當我緊張時，我很容易喋喋不休。我最糟糕的習慣之一就是打斷別人，不讓他們說話。我覺得有必要填補每一個沉默，就彷彿它是一個自帶有引力的大洞。我也相信正義，我不打算掩飾自己的失敗或我所屬體制的失敗。我假設律師可以讀取所有重大事件報告，我們在這些報告中提出了我們對人力不足和缺乏流程、缺乏重要事件會議、缺乏訓練、缺乏支持，以及沒有受到挑戰的不良做法。我希望所有這些問題都能得到解決。

「陪審團是流氓分子。」律師繼續說道。「之前有一場調查，一名陪審團成員因對證人過分嚴苛而受到訓斥；另一名陪審團成員因為睡著而受到斥責。而對一群同輩時，總是有意到不到的事情發生。」

她告訴我們，大多數調查都是公開進行的，媒體也會出席。記者很容易被發現；他們通常穿著邋遢，遲到早退，走時會砰地一聲甩上門。他們想要淫穢下流和聳人聽聞的細節。我們被告知不要與他們交談，作為替代，應該請他們直接聯繫監獄傳播小組。如果調查顯示任何指向有未來死亡的風險，驗屍官必須向預防未來死亡機構（Prevent Future Deaths，即ＰＦＤ）報告此事。[164]這被視為監獄、健康照護醫療部門及其工作人員系統性的失敗，這將對於我們作為一個團隊造成直接影響。

調查過程通常十分緩慢。體制上的重大延遲意味著從死亡到成案至法庭上審理通常需要一年以上的時間，這漫長的過程帶給工作人員及死者家屬極大的壓力。然後，我們意外得知，佛萊迪．墨裘瑞先生的調查已被懸置了數月之久，但當開始調查時的進行速度之快，也讓我們感到同等的驚訝。在整個聖誕節期間，工作人員之間談話的中心話題皆是死因裁判法庭和調查。它讓尋常的季節性慶祝活動蒙上了一層陰影。

我們被告知調查不是為了歸究或裁決民事或刑事責任。調查只是為了確定人、時、地、何。然而，當我們被傳喚參與任何調查時，我們都有一種不安感。這種不安可能會轉換成多疑，尤其是在監獄這種封閉環境中。許多員工感到無法集中精神工作，患病率驟升。

死因調查一直籠罩著我。我開始想像噩夢般的場景，並以自己的沒把握加以渲染。我想像自己被問到無法回答的問題，並感到無能為力和不知所措。我停止進食，這是我在壓力之下常會做的事，並開始變瘦。我的夜晚睡不安穩，我一直很疲累。工作壓力持續增加，我的病人一如既往地複雜，而隨著我周遭的患病率增加，我的看診名單和工作量呈指數型增長。

主管們向我保證，他們正在招募新醫生，很快就會加入我的行列。但這是一個緩慢的過程。有很多日子我都是獨自工作，一人做兩個醫生的工作量。更糟糕的是，我變得更加謹慎小心，在諮詢中花費更長的時間。我想涵蓋所有徵象和症狀，排除任何可能危及患者的事情。監獄官員對我很不滿，因為我讓更多病人接受ＡＣＣＴ照護計劃。我開始閱讀並重讀我愈來愈詳盡的筆記，以確保它們是正確的。

佛萊迪．墨裘瑞先生一直縈繞在我腦海中。像用肥皂洗手這樣簡單的小事讓我想起了墨裘瑞先生的雕刻技能。我想著自己是否應該接受他在萬聖節送給我的骷髏頭雕刻品。這些念頭和其他種種折磨著我。如果……會如何？要是……？我會重播每一個場景。當我閉上眼睛時，他的臉、他的身體、他的牢房都浮現腦中，這讓我充滿悲傷。

我一直以為自己可以在工作和家庭之間切換，但現在我發現自己無論走到哪裡都掛心監獄。我試著讓自己保持忙碌，我比以往任何時候都更加努力工作——確保完成每一項任務。我覺得自己再次像個壓力如山大的醫學生。我勉強撐著，瀕臨崩潰邊緣。如果我是我自己的病患，我會對自己好一點，並建議一些應對機制和休息時間。

我唯一想著的就是死因裁判法庭的日期正在向我逼進。我們被告知，由於證據的數量和案件複雜性，審訊將持續十天，這異乎尋常地長；大多數調查審訊都在幾天內完成。翌日——也就是情人節——我會和我的幾位同事一同應要求提交證據。我在日記本上將這個日期用粗黑筆圈起來，就像我當初在學生時期的牆上行事曆圈上期末考試日期的粗黑輪廓一樣。

終於，這一天到來。我很早就抵達，與我們的出庭律師相約在簡報室碰面。她知道這對我們所有人來說壓力有多大，並設法對我們說一些安慰和消除疑慮的話。她建議我在提交證據後立刻離開法庭，並置之腦後，在這天剩餘的時間裡做些快樂的事。她告訴我們，第一天的審訊並不順利，他們發現墨裘瑞先生的新牢房裡的牢房鈴壞了。即使他呼救也不會有人聽到。這是監獄的一大敗筆。那位發現墨裘瑞先生的獄警，其工作就是密切留意他，由於事件造成的創傷，已立即辭職。

我得知，艾蜜莉醫生、布萊恩、史蒂芬、迪恩和克莉斯在第一天提交了證據並且表現良好。不幸的是，第一天也有某名前任員工在場。他們針對健康照護部門和監獄表達出不滿，並表示他們沒有得到主管或典獄長的支持，他們認為醫護人員工作過度且人手不足。他們說其中存在著士氣低落、責難文化以及害怕公開發表意見。另一方以此為證據，證明墨裘瑞先生的照護水準從頭至尾不合格。進一步，退兩步。

在法庭上，我坐在凱許和格雷姆之間。當驗屍官進到法庭時，我們都穿著正裝起立。我認出墨裘瑞先生的一些家人，因為有著強大家族相似性。他們一身黑衣，嚴肅地坐著，相互握著手，這對他們來說想必是地獄。我瞥了一眼陪審團成員，不安地發現他們正盯著我們看。他們是怎麼看待我們的？如果我換位思考，難道我不會認為我們這些人無能、漠不關心、疏忽大意並理應受到指責嗎？他們將有機會質疑我們，而我們的目標是讓他們了解監獄生活、種種克服和災難。他們能透過我們的眼睛看見我們的世界並體會我們的感受嗎？當我們感到緊張並於在壓力之下時，要好好表達自己很困難。

「都好嗎？凱許？」我低聲問。

「我很好，謝啦。這是你第一次來死因裁判法庭嗎？」他問。

我點點頭。

「我已經去過十九次的死因裁判法庭了。」凱許說。「我上週出席死因裁判法庭是為了一個被燒死的傢伙，那是在你來之前發生的，差不多是十八個月前的事。我甚至不知道它已經進行到驗屍官那裡了。我在週四晚上收到那家人的律師發來的一封電子郵件，上面寫著：如你所知，你將於下週一出庭死因裁判法庭，那是晚上七點鐘。我回信說：這是我初次聽到這個訊息。然後醫療部門的律師聯繫我，說我必須出席，於是我準備了我的陳述並去了法庭。他們要求我在所有人面前作證。這家人的律師一直問我為什麼不為這個人開出ACCT照護計劃。我說風險是根據個人情況評估的，當時他並沒有表現出任何自殺的念頭。驗屍官對我說，非常感謝你，然後我就離開了。」凱許平靜地說。我可以看出他並不像我這樣因為死因裁判法庭而感到忐忑不安。

凱許在墨裘瑞先生每一次去過醫院又回來的時候都會看照他，他也是首位被傳喚作證的人。他在法庭上宣誓，並坐在一張小桌子旁，周圍是一堆硬皮文件夾，裡面有所有證人陳述書和醫療記錄，包括我自己的大量貢獻。凱許把手撐在下巴上，我知道這是他緊張時的習慣動作。這削弱了他的故作鎮定。沒有人會習慣於被傳喚到死因裁判法庭的。

家屬方律師站了起來，他是個矮小的男人，沒有比小克莉斯高多少，他穿著非常緊身的褲子。格雷姆在我耳邊低聲說，我們可以透過他的褲子看到極明顯的身體結構，而他不悅地撇了撇嘴。為了平息訊問中的緊張情緒，建議你可以想像訊問者的裸體，在這個情況下，我們無需發揮太多想像力。

「他是個笨蛋。」格雷姆低聲說。我看得出來他是想讓我感到放鬆一些。這是絞刑臺上的幽默，也一直是我們的依靠。我很幸運有他在我身邊。

「這個人有自殺傾向，而你終止他的ＡＣＣＴ記錄，進而切斷了他的支持系統。任何頭腦清醒的人怎麼會用這種方式做事？」

家屬方律師一開始就毫不客氣的直接抨擊。

他的音頻比預期還高。他在地板上盤旋走動，像穿著西裝的鯊魚一樣在凱許周圍游來游去。

「是嗎？什麼時候？」凱許問道。

律師要他參考旁邊桌上的一疊證據。凱許默默地讀了幾分鐘，然後滿臉疑惑地抬頭看著律師。

「這是八個月前的事了。」他指出。「墨裘瑞先生是在進行ＡＣＣＴ時去世的，In-reach心理健康服務團隊都知道他，他每天都有獲得醫療照護。他在監獄裡得到的醫療投入比他在社區裡得到的還要多。」

「但你對一個有嚴重精神障礙和脆弱的人終止了ＡＣＣＴ照護計劃。」律師堅持說道。

「我八個月前結束了一個ＡＣＣＴ，但很快又重新開啟了。這跟他的死亡情況有什麼關係？」

凱許問道。

「我認為這顯示了這位先生所能得到的『照護』程度。我們已經知道他的牢房鈴壞了。他的牢房裡沒有電話。他是一個非常焦慮和神經質的人。你決定中斷ACCT，讓他進一步孤立。假如他表現出哪怕只是最輕微的情緒低落或自殘跡象，他就必須繼續接受ACCT照護計劃！」律師大聲宣稱。

「不是這樣的。我們不會對每個看起來不開心的人都開啟一個ACCT。在監獄裡沒有人是快樂的，但這並不表示他們會自殘。每個案例都根據其自身條件進行評估。沒有人會永久留在ACCT名單上，這不是計劃的目的。我們會定期進行審查，有時會結束，並在需要時重新開啟。」凱許平靜地說。

律師審問了凱許長達二小時。他的舉止好鬥挑釁。我永遠不會像他審問凱許那般粗暴且居高臨下地對我的病人或任何人這麼說話。驗屍官進行了幾次干預，並告知律師這不是刑事案件。死因裁判法庭是一項事實調查。但律師繼續威嚇凱許，希望他承認幾個月前終止ACCT導致了墨裘瑞先生的死亡。儘管事實是墨裘瑞先生去世時一直在ACCT的照護計劃中。這似乎是個白費唇舌的提問。

最後，凱許抓起他面前的麥克風，堅定地開始說話。

「我只會對你和法庭再說一次，因為我已經告訴過你好幾次了。八個月前我見到他時，他並沒有自殺傾向。我無法回答任何這些後見之明的問題。你試圖引導我到錯誤的方向，並在一個問題中夾帶一個問題、又一個問題。我沒那麼聰明，無法理解。他不是應該一次只問我一個問題嗎？」凱許轉向驗屍官問道。

「你說的對，凱許先生。」驗屍官最後一次告誡律師。

歷經十九次的死因裁判法庭顯然還是有些好處。

我們在午餐時間休息並討論了這場法定程序。這太可怕了，我心想。這家人的律師正在找個罪魁禍首。監獄服務部門的律師在推卸他們的責任，並指出醫療部門的缺失——這簡直是在指責我們。醫療部門的律師反駁了監獄服務方的說詞。家屬端沒有提出任何問題，這讓我鬆了一口氣。陪審團問了幾個關於監獄如何運作的問題，很明顯他們對高牆後的世界知之甚少。我意識到這個過程不會為墨裘瑞先生的家人帶來任何寬慰。

午餐後，我被傳喚作證。驗屍官要求我說出我的姓名和資格。他問我在監獄工作多久了。家屬方律師開始繞著我打轉。他要我大聲讀出我的陳述，他從中挑剔。他又刺又咬，想讓我見血，但我知道最大的一口尚未到來。

「我們已經確定墨裘瑞先生是個麻煩人物。他有很多健康問題和複雜需求。那麼你，一個相對缺乏經驗的監獄醫生，為什麼要親自拿掉他的重要藥物，並把他從安全的住院單位，也就是醫療部門趕出去呢？他被轉移到沒有牢房鈴的監獄牢房。仔細閱讀你的記錄，這似乎是因為他對一些護理師很粗魯。一個像他這麼痛苦的人沒有注意自己的言談舉止應該是可原諒的。你因為懲罰他把他踢出監獄病房。從那刻起，他的死就是難以避免的。他正在ACCT照護計劃中，而每個參與ACCT的人都應該要待在住院單位獲得照護。你同意你對這個人的死負有直接責任嗎？」

我知道這會發生，我已經準備好了答案，但在那一刻，我的腦中一片空白。假如我是故意做錯的，我不想免除自己的罪惡感，但具體情況並非如此。

「不是這樣的。」我低語。

「什麼？」律師怒氣沖沖地說。

然後，離奇的事情發生了。若不是我親眼目睹，我是絕對不會相信的。我猜想，律師為了效果把他的腳抬到椅子上。一聲布料撕裂的聲音傳來。他的褲子從下方一路裂開。一些陪審團成員用手摀住嘴巴，強忍住笑意。墨裘瑞先生的家屬先是錯愕，接著也開始笑。律師臉紅了，但只是微微的。他的內褲清清楚楚暴露在外，他繼續說下去，彷彿什麼事都沒發生一樣。唯一的變化是，他把他感受到的所有尷尬都轉化為憤怒，並把矛頭指向我。我可以想像格雷姆和凱許之後會講述這個故事，並發表意見說他們如何光看外表就知道他是個混蛋。這件事將成為我們在未來幾年一再講述的故事之一。最終，沒有人知道這究竟是不是真實的，這是構成監獄歷史某部分的眾多傳聞之一。

現在，我沒有被他嚇倒。我坐直身子，像凱許那樣身體向前傾向麥克風。

「在監獄裡有五十多人參與ＡＣＣＴ照護計劃。」我說。「我們的住院單位只有二十個空間，我們無法讓每個參與ＡＣＣＴ的人都待在住院部門，這不是它的目的。並非每所監獄都設有住院單位，那麼他們應該在哪裡管理ＡＣＣＴ的患者呢?對我們來說，他們就是病人，不是囚犯，是病人。住院部成立的目的是僅用於短期停留，然後人們會轉移至監獄的其他地方。我們是監獄內的健康照護部門。我們以尊重和尊嚴對待每個人。沒有醫生、護理師或官員希望任何人死去。這就是我陳述的內容。如果你讀完我所有的長篇記錄，你會一次又一次地看到那個訊息、那份精神。」

他反覆質問我。我在證人席上待了一個多小時。學會有禮地反覆拒絕是我在監獄工作後習得的一項技能，但我從未像現在坐在台上那麼需要它。陪審團提出了更多關於罪犯健康照護如何運作的問題。我慢慢來，試著向他們展示我的世界。我想讓他們能夠在非常規的環境中與我們一起歷經日常的一天。我告訴他們監獄是什麼樣子，更重要的是在監獄裡執行醫療的感覺。我談到了我出色的同事們，我們如何努力保護我們所要照顧的人。最後，墨裘瑞先生的母親提出一個問題。她有著同樣綠松石色的眼睛，上面閃著金色斑點。

「我沒聽清楚你的名字。你是Ｙ醫生嗎?」她用嘶啞的低聲問。

我猶豫地說，我是。

「他有提過你。你對他很好，謝謝你。」她輕聲地說。

我很想說我沒有哭。這件事令我驚訝。一位母親這樣仁慈，她失去了自己的孩子，卻伸出手想撫慰另一個人。這像是我自己父母會做的事。我想跳過桌子去擁抱她，我想一再地說，我為她的喪失感到悲傷。我想說妳的感謝有多麼珍貴。當我們穿行過黑暗時，就是這種微小事物，總是這些小事物，會變成指引我們的燈光。

第十三章 釋放

情人節是我在監獄工作的一周年紀念日，我是在死因裁判法庭上度過的。晚上我買了一些巧克力給自己，慶祝度過這可怕的一天，但我沒什麼胃口。幾天後我把它們留在茶水間裡，不到幾分鐘就全被拿光了。我還處於從死因裁判法庭的磨難中恢復過來。有個人死了，我為自己本應做得更多而感到內疚。死者仍然經常出現在我夢中，我看見他撕下自己的肉獻給我。我做了噩夢，夢見過去一年中經歷到所有不同的可怕情況，有自食者、戀童癖傀儡師、把廁所當診間用、與性犯罪者一起被鎖在房裡、成堆違禁糖果和縫合卍字符號等等嘈雜的聲音。每一個經歷都顯得那麼不可思議，甚至都讓我懷疑起自己的記憶了。

上床睡覺根本沒有意義，因為我只是躺在那裡盯著天花板。我把枕頭和羽絨被搬到客廳沙發上，整晚都在看盒裝DVD。當我睡著時，我會一身冷汗地驚醒。我在疲憊的迷霧中四處遊蕩。我沒有吃東西也沒有運動，渾身酸痛。乙醯胺酚和布洛芬會讓我胃灼熱，於是我吞了制酸劑，直到我的嘴裡像塗滿粉筆。

所有罪犯健康照護部門都長期人力不足，工作量難以負荷。人員配置不足影響了臨床標準和患者安全。工作人員被要求定期加班。我從早上九點工作到晚上九點，而且常常是現場唯一的醫生。總是有堆積的工作、血液檢查結果和信件。我寫信給主管們，說明這並不安全，並在下方劃線特別強調我的話。也許我早該效仿那麼多優秀的同事離開。為什麼全科醫生（包括我在內）會選擇承擔所有額外風險和危險的罪犯健康照護呢？你必須對這份工作充滿熱情，但也必須有一線希望才能筆直前進。

某個週末，當我去一家之前從沒去過的速食店買漢堡時，讓我想起了為什麼要做這份工作的初衷。我和藥技士納迪姆常常會分享最佳美食地點的筆記，這家是他的建議。事實上，我可以自由選擇自己的餐點——這是許多囚犯都做不到的——我不會視為理所當然。我點了餐點，並在等待備餐過程中隨意滑著手機。櫃檯後方的人告訴我餐點已經準備好了。

「多少錢呢？」我問。

「店家免費招待。」他說。

「我不太明白。」我搖著頭說。

「我不會拿你的錢。」他回答道。然後我認出了他——是E先生。齋戒期間我在隔離區遇到的那位東亞男子。他想必是出獄了並找到了工作。我真心為他感到開心。

我們尷尬地互相點頭致意，然後我帶著漢堡和薯條離開了。

我從健康照護八卦圈聽到了第二手或第三手消息，有個外部全科醫生財團想要從國民健保署基金信託手中接管罪犯健康照護契約。員工的焦慮情緒高漲，因為「某人從某人那邊聽說」該財團想要聘用自己的醫生和護理師替換掉所有員工，包括我。這是我的工作大家庭——我們齊心協力歷經了許多勝利、跡近錯失和災難。我不能失去他們。

他們要我與財團的全科醫生們會面，並且回答他們可能對罪犯健康照護提出的任何問題。我感到強烈矛盾的是，幫助新醫生進入狀況，我可能會讓自己變得多餘。但做任何事卻不盡力而為並非我的本性。我自己經歷的訓練是雜亂無章的，我多少像是突然到來，捲起衣袖硬著頭皮做。我希望我的新同事能夠有更順利的過渡時期。無論我有任何疑慮，我都必須確保他們是安全的，於是，我的病人也會是安全的。

在他們來監獄前，我先去了他們的社區全科醫生診所與他們碰面。我幾乎稱不上是在監獄工作人生的形象代表，我的皮膚蠟黃，我以前通常都留短髮，但在過去一年裡我無暇顧及，現在頭髮已長到耳朵下方。儘管我的外表這樣，但三位醫生似乎都很熱情，雖然其中帶有一絲擔憂，這是可以預期的。我頻繁使用「有趣」和「具有挑戰性」這兩個詞。在監獄工作不是無私或觀光的行為，這是一項艱鉅繁重的工作，在身體和心理上都會是危險的。我覺得有其必要讓他們對此有所了解。

我製作了一個歡迎小冊子，為他們逐步講解在面對充滿敵意和攻擊性的患者時的緩和技巧，我提供了關於海洛因和酒精管理的講義，這不是社區全科醫生會處理到的事，因為這通常是社區毒品團隊負責處理的。我解釋了報到過程如何運作，以及我們在罪犯健康照護方面提供的各項服務，例如：In-reach監獄心理健康服務團隊和IDTS整合戒毒治療系統，傾聽者、局內人和牧師的角色。我跟他們一一說明ACCT評估、監禁照護和團隊合作計劃的程序，還提及我所學到的監獄術語，像是「監獄口袋」、「塞」、「挖湯匙」、「糖水」、「切割」、「穢物示威」、「康囤」、「黑眼星期五」等等。我說歡迎先到我的診間旁聽觀摩，直到他們準備好可以開始獨立看診為止。我會確保他們可以先從十五分鐘的門診開始，這樣他們才不會一下子頭太暈。如果他們有任何問題，他們可以來找我。

C醫生是一名七十多歲的錫克教全科醫生，出生於伊朗，在印度接受培訓。當我第一次見到他時，他戴著一條達菲鴨領帶及同色系的亮黃色頭巾。他有很多愛好，其中之一是一名具有專業資格的珠寶鑑定師，可以鑑定、分級和估價珠寶。當我們圍坐在桌前時，他指著另一位全科醫生佩戴的翡翠項鍊，稱讚其品質極高。

翡翠項鍊的持有人是W醫生，那是她去香港拜訪好友時獲贈的項鍊。她有著熱衷運動的挺直背脊和良好姿勢，雖然她說她打長曲棍球的日子已是年代久遠的事了，她和她的妻子現在更喜歡威士忌和園藝。她的問題特別有見地。她擔心在囚犯眼中「上流」似乎會成為他們是否信任她的障礙。我給她一些關於粗俗黑話的資料索引。

C醫生一開始話不多，當他認真聆聽時會習慣性地睜大眼睛、挑眉。C醫生是臨床委員組織的主要負責人，[165]意味著他已經學到很多關於組織和資金服務的知識。我認為他會成為我們監獄裡的一名重要人才，我認為他們都會。如果他們一旦適應環境後取代了我，監獄也會得到妥善照顧的。

「你覺得在監獄工作怎麼樣？」我問C醫生。

「我感到非常興奮。我喜歡那種不知道會發生什麼事的感覺，那種期待的感覺。那是與眾不同的。」他說。

這是個很好的回答。

當他們抵達監獄時，我在門口迎接他們，這樣他們就不會感到不受歡迎——如我第一天到監獄時那樣。我帶著C醫生到現場走走，我帶他去了住院單位和隔離區，並介紹他給工作人員認識。後來，當我要看診時，他跟著觀摩。

「你的第一印象是什麼？」當我們遠離其他人的聽力範圍時，我問他。

「氣味。住院單位聞起來很可怕。若在醫院，你會預期它聞起來是好的和乾淨的。這裡聞起來不像死亡，但絕對像腐爛。而且這裡很吵，不斷有敲門聲和鑰匙的咔嚓聲，人們尖叫和叫喊。」C醫生觀察到。

「你會習慣的。」

「整體說來，這不是我對罪犯健康照護的期望。」C醫生說。「一切很混亂。沒有一個病人準時來看診，只會有一半的人出現。在外面，如果病人遲到五分鐘，預約就會被取消。一旦你克服了這一點，也看過幾個病人，我想你在任何地方都可以。你已經歷了一些事，那很有幫助。然而，這些介紹都是出現就隨時解決的例子，我認為事關病患的事應該要有一個更恰當的入門指導說明。」

我忍住脫口而出的衝動，說我從第一週開始就必須自己想辦法適應，我幾乎沒有接受過任何安全訓練、衝突解決訓練，甚至是「逃脫訓練」，這些訓練據說是強制性的，而且還要示範如果一名囚犯試圖挾持你為人質時該如何因應。我被扔進了深水區，從那時起就一直在瘋狂划水。但我無法與他爭論，因為他是對的。我自己的入職過程並沒有做好準備，但由於時間和資源的缺乏，我無法再提供更多資訊。

當我看診時，新進醫生們會輪流坐在我身後，在看診的空檔，他們會問一些問題。我發現這是一個令人緊張的過程。當他們做筆記時，我盡量不要感到擔憂害怕。他們作為全科醫生的經驗都比我豐富得多。S醫生當全科醫生的時間比我還久。他們提出問題的專業方式讓人感到不舒服，有時就像我在死因裁判法庭的證人席上接受審問一樣——特別是在面對S醫生的情況下，因為在他的各項才能中，他還是一名訓練有素的律師。

我不知道謠言是否屬實：我會被排擠，然後被迫離開。最重要的是，我不想讓他們覺得我的醫療實踐很糟糕。我曾試著做出改變，但是當我們人力總是嚴重不足並幾乎不可能按時完成一天的工作時，這真的很困難，這些不是藉口，而是現實。我和我的同事們在非常艱困的情況下竭盡全力。但當有新的醫生在現場時，有助於我以全新的角度看待事物。我可以更清楚地找出工作方式中的瑕疵。我可以看到，如果我們有完整的人員配置，我們就可避免倉促行事，並更有效地組織健康照護部門。

在C醫生跟著我見習的一個早晨，整整一個多小時都還沒有任何病人走進診間，取而代之的是，我完成了值班醫生的工作並處理了護理師的詢問。我希望與C醫生討論一些有趣的案例。我想展示罪犯健康照護的有趣性和多樣性，因為有太多複雜的局面：注射毒品的血友病患者，不尋常的精神病診斷、我們從未聽說過的新毒品和術語。

然後，我的前三名患者同時抵達。第一名患者是一位四十歲的健身肌肉男，他「在外面」每天都會去健身房。他告訴我他背痛，想要申請病假單。我解釋著，病假單代表他可以不去工作，但同時也不能去監獄的健身房——這是病假單的規定。他開始爭論，說世界上沒有人能阻止他去健身房，這點我相信。他希望我能幫他從康囤郵購訂購額外的蛋白質，但這無關醫學原理。他惱怒地哼了一聲。

「這很荒唐。這就像蛇梯棋遊戲。你找藉口不給我我想要的。只是因為我在監獄裡，並不代表我就應該得到較少的照顧。這裡跟外面應該要是一樣的。」他指著巨大的白牆提高音量說。

我理解他的憤怒，也很同情他。「對不起。」

「你跟我說對不起有什麼好處？如果你都不去幫助別人，那他們幹嘛還要在監獄裡設立醫療部門。」他怒氣沖沖地說。

「就算我開給你額外份量的蛋白質，廚房也會禁止的。如果我能幫到你，我會這麼做。但我不會為了讓你離開我的診間而對你說謊，我不想給你虛假的希望。」我說，聲音裡透露出些許惱怒。

我們之間陷入沉默。從死因裁判法庭上學到的經驗，我讓沉默持續存在。最後他站起來，伸出手要跟我握手。

「我尊重你。」他出乎意料地這麼說，然後離開了診間。

第二名患者是最近剛來的高觀護囚犯。她宣稱她是一名跨性別女性，希望被稱呼為喬安妮。喬安妮想穿女裝，而且認為自己不應該被關進男子監獄裡，因為她正在服用女性荷爾蒙，正處於轉變過程。我們監獄裡還有其他二名跨性別女性及三名被認定為性別流動（gender-fluid）的人。根據二〇一〇年的《平等法》，跨性別者是一項受到保護的特徵。我們有責任保護他們免受偏見和霸凌。關於跨性別男性和女性安置於男子或女子監獄是由英國皇家監獄與觀護服務處之複雜案例委員會決定的。[166]我說我會聯繫喬安妮的社區全科醫生，了解她的詳細用藥資訊，這麼一來她的療程就不會中斷了。同時間，監獄會啟動案件審查程序。監獄會為喬安妮準備一份適合女性的康囤郵購清單，讓她得以訂購衣服和化妝品。她整了整假髮，問她看起來如何，我禮貌地笑了笑。我希望她一切順利——一些囚犯可能對男子監獄中的跨性別女性懷有敵意。她需要保護免受攻擊——我會在全科多專科團隊治療會議上提及她，讓所有工作人員都知道她的狀況。

第三名患者很生氣，想找我吵架。他粗暴且苛刻，情況很容易演變成暴力衝突。我安靜地坐著，運用我向C醫生介紹過的緩和技巧。

「我建議你找你牢區的資深監獄官員談談。他或許可以幫到你。」最後我這麼說。

「他叫我來找你！」這名囚犯激憤地說。

「很抱歉，但我不能因為你患有幽閉恐懼症，就要求獄警讓你的牢房門開著。」我回答道。

「你的名字叫Y醫生。這或許代表『Why——你憑什麼是個醫生』，因為你他媽的超沒用。你以為你是誰啊？你他媽的只是個醫生。你知道我是做什麼的嗎？我搶毒窟的。我有一把熱風槍，可以找到適合栽種大麻的地點。我闖入並朝每個人臉上潑硫酸，我把他們弄瞎，然後搶劫一空。我每週賺兩三萬英鎊。我賺的是你的十倍以上！」他大喊。

我愣了一下。

「是的，但現在你在監獄裡。」我淡淡地指出。

「這不重要！我已經把我的錢寄到西班牙了。我的伴侶和孩子們都在那裡。五年後，我就會過上有錢人的生活，而你還是坐在這個狗屎坑裡。你需要想一下你的人生選擇，老兄！」他用手敲打桌子，就像個實際的驚嘆號一樣。

他衝了出去，砰地一聲甩上門。

「棘手的病人。」C醫生若有所思地說。

病患從緩慢水滴變成了洪水。十個人同時到來。有著說不清的背痛、神經痛、局部發麻。情緒低落、睡不好。還有一如既往的要求唑匹可隆、可待因（codeine）、煩靜錠、普瑞巴林、樂活憂和其他鎮定藥物。

自從經歷死因裁判法庭以來，我特別小心為每個病患提供保護網。我總是詢問他們的心情，並強調如果想找人聊聊，他們可以得到這類的幫助。監獄是個壓力極大的環境。資金不足大大增加了工作人員和囚犯的壓力。這對我們所有人來說都是地獄，員工可以在一天結束後離開似乎也只是個微不足道的差異。

在看診之間的空檔，我的同事出現在門口。我們談到可怕的死因裁判法庭，即使已經結束了數月後仍籠罩著我們，他們問我一切還好嗎？

「堅持夢想。」我說。我不想在C醫生面前說太多，免得把他嚇跑。

「死因裁判法庭？」當他們離開後，C醫生問。

C醫生之前從未去過死因裁判法庭。在監獄工作代表他幾乎很難避免會經歷這件事。我向他簡短描述了案件情況，以及這個案件如何在法庭上陳述，並簡單說明了我自己的證詞。他認真地聽著。我說我發現這有多麼艱難，我並沒有說我仍然這麼覺得。

在我的午休時間，當C醫生和克莉斯及布萊恩一起去查看隔離單位時，我和格雷姆及瑪麗坐在停車場。這是一個美麗的豔陽天。也許是我身上的哥德特質，但我有一項特殊技能，總能讓任何晴朗的天空佈滿厚重的雲。

「你看起來很累，Y醫生。」格雷姆指出。「我和瑪麗在聊，要帶你跟我們一起去度假。我們要去阿瑪菲海岸，我們會開車穿越義大利，經過所有城鎮都停下來，以紀念你的父親。」格雷姆貼心地說。

如我之前所說，格雷姆和瑪麗就像我在監獄中的父母，我免不了會跟他們提到我的親生父母。我曾說過，在六〇年代初，我父親曾在巴基斯坦喀拉蚩的一間義大利工程公司工作。他在一九六二年移居義大利。義大利的食物和文化是他初次接觸到的歐洲。他對義大利麵、起司和蘇菲亞・羅蘭（Sophia Loren）有著深遠的崇尚。後來他移居英國，因為他的英語說得比義大利語更流利。我們一直計劃要一起去他年輕時去過的地方旅行。

「我很樂意。」我說。「如果這些新進醫生接替我的工作，我就會有大把時間了。」

C醫生參與了我的下午門診。我問他參觀隔離單位的情況如何，他仍感到震驚不已，並描述目睹了穢物示威的厭惡感。他從未見過這樣的事情，他也非常生氣，有這麼多顯然是精神異常的人在獄中惡化。我解釋說，社區裡沒有足夠的心理健康床位，儘管他早就知道這一點了——他後來透露他的妻子是一名精神科醫生。

「如果國民健保署和監獄服務單位是人的話，」我說，「根據《侵犯人身法案》第十八條，他們都會被定義為實際人身傷害的受害者。[167]而犯下這些罪行的政客應該處以無期徒刑。」

C醫生不像S醫生或W醫生那般健談，他們兩人很快就透露出許多個人資訊，但C先生有所保留。嘗試理解他人對我來說很重要——我試著看到相似之處而不是相異之處。我注意到C醫生有著倫敦口音，就像我的朋友馬修一樣，當他說「知道」（knew）時，他發出一個沉重的單音「noo」。他們還有一樣的金髮、藍眼睛。C醫生比我和馬修都來得高，他走路的樣子和高個子人常常做的一樣——就好像他們正試圖踢掉自己的鞋子。當我跟C醫生說話時，我試著想像成馬修，我問他想不想喝杯茶。

「我討厭喝茶！」C醫生非常激動地說，我覺得這很滑稽。他目睹隔離區的憤怒仍顯而易見。

「好吧，這是最後一塊拼圖了。什麼樣的人會不愛喝茶？你絕對不是個好東西，」我說，試圖讓氣氛輕鬆一點。一抹微笑出現了，接著他笑出來。我們開始交談，這是世界上最簡單的事——單純兩個人在聊天。在監獄工作教會我直接講重點，我問他傳聞是不是真的，他所屬的財團是否只會聘用自家醫生。他告訴我，關於我會被替換掉的恐懼是毫無根據的事。我整個人鬆了一口氣，並坦承我對於在監獄工作的真實想法——這是我做過最令人興奮的事，也是最讓人筋疲力盡的事。但正是這種從一場災難奔向另一場災難的焦慮情緒隨時可能蔓延。我總有一種壞事即將發生的感覺，這感覺無所不在，壓得我喘不過氣——我一直處於高度戒備狀態。

「我認為我們的工作帶來一定程度上的焦慮。」C醫生說。「你必須告訴自己跳脫出來。所有這些念頭，當它們進到你腦中時，你必須處理它們，否則很容易會淪陷。焦慮往往是看不見的，對吧？這更像是一種自我產生的感覺。一旦你直面特定的焦慮，它就消失了。愈逃避、愈焦慮。所以，你必須挑戰你自己，提醒自己從前也遇過類似的艱難情況，但你已經設法克服了，你都撐過那些了，任何事你都能撐過去。」

我回想起艾蜜莉醫生曾經與兇手被關在同一間牢房裡，她撐過來了。我歷經了父親的猝死、期末考試和死因裁判法庭，我撐過來了。我在監獄裡工作了一年多，我也撐過來了。不——我已經茁壯成長了。我沒道理對自己有那麼強烈的自我懷疑。我立刻感到好多了。

C醫生渴望在監獄工作，幫助那些真正需要幫助的人。他覺得他可能也會喜歡在遊民診所的工作。他和我一樣，總是對那些被社會排斥的人感到親近，無論出於何種原因，不管是毒品還是他們的背景，他們在社會上都沒有話語權。

「我愈來愈相信，作為醫生，我們真的可以實踐一些事。有些人會捶門，卻依舊被忽視。大多數時候，他們會對我們敞開。窮人的問題實際上並不是貧窮，而是無能為力和無所發聲。」C醫生說，我同意他的看法。我解釋了在過去一年裡，我如何在幫助傑米・洛維爾表達自我這方面盡一點棉薄之力。在下午的會議期間，我和C醫生去探望了他。

曾經有一段時間我很怕傑米。我們不斷發生爭執，他是全科醫生有時形容的「心一沉」病患，他們拒絕你的幫助。透過各種機構的大力協助，特別是夏儂信託慈善機構，他學會了閱讀及書寫。而今，他是一名健康好手，與克莉斯一起工作，他協助新進囚犯的讀寫能力。這一年下來，他的改變是卓越且激勵人心的——又一次勝利。獄警打開門鎖，我們請求允許進入他的牢房。傑米微笑著迎接我們。

「我很高興你們來看我。Y醫生，我正在寫信給你，我想跟你說再見。」傑米說：「兩週後我就出獄了。他們正在整理我的住處。我有東西要給你，我知道你不能接受禮物，但這個不一樣。」

傑米遞給我一些他寫的詩，我讀了它們，並為其情感深度和巧妙筆韻而微笑。他拒絕收回它們。

「我希望你用這個來記住我。」傑米說。「我不希望你把我記成那個你初次見到的人。我一直覺得自己很笨，這只是另一件感到羞恥的事，但後來我學會了閱讀、寫詩，我發現了我不知道自己原已擁有的感受。有這麼多的東西充塞在我心中，而我總是隨身帶著，它壓得我喘不過氣，但當我寫下來時，它就消失了。當我寫下一行字，我感受到的快樂比吸古柯鹼還多。我的寫作帶給我好多的滿足和樂趣。你和其他工作人員一直鼓勵我寫作，我那時想，他們到底想幹嘛，但我現在明白了。謝謝你。」

我們相視而笑。

「你還有在寫作嗎？」傑米進一步問。

「有時我寫短篇故事和稍長一點的，沒人會想看的。」我回。

「我想看你寫的東西。」傑米說。

嘲笑他的誠摯是很失禮的，於是，我沒有自嘲，而是謝謝他。我告訴他，他的詩非常好，我說他應該努力把這些詩發表出版，我很希望有朝一日能在書上讀到它們。

「當我出版我的書時，我會寄一本簽名書給你的。」傑米說。

「那將會是非常美好的一天。」我握了握他的手說。我們雙方都知道，除非他回到監獄，否則我們不太可能再相見了，而我們都不希望那樣。

「這就是我想參與其中的那種改變。」C醫生在我們離開時這麼說。

後記　真實比虛構更奇怪

我反複閱讀傑米的詩。他描寫的監獄生活以及將環繞在我們周遭的帶刺鐵絲網交織成金毯的能力深深吸引了我。文字躍出紙面，要我們趕緊追讀。即便是當他威脅感十足地逼近我，或者當他的詩流露著哀戚時，我都無法忽視傑米．洛維爾。他激勵我，使我想要再次嘗試寫作。我報名了位在倫敦的極短篇小說大師班，磨練我的短篇小說寫作技巧。事實上，非常短的故事，但仍展現出情節和人物發展。我喜歡這類的寫作，它就像個短文——有其自身的想法、關切的事與期望。罪犯健康照護讓我學會了自由和選擇的價值。我再次選擇做我喜歡的事。

要訂到前往倫敦的便宜火車票已經來不及了，於是我決定開車過去。我預計從伯明罕開到克勒肯維爾（Clerkenwell）需要兩個小時。我很早就出門了，這麼一來我還有時間逛逛書店、喝杯咖啡、到處走走，無需擔心任何高牆或上鎖的鐵門。我真的很倒霉，因為M1高速公路上有大量的道路施工，導致交通意外地擁擠。我想過要掉頭回家，但最後還是堅持住了，花了將近四個小時才抵達倫敦。

「對不起，我遲到了二十分鐘。」我在研討室後方簽到時說。

「別擔心，我們的講者也遲到了，她從伯明罕搭的火車發生故障，她必須改搭替代的轉乘巴士。」籌辦人說。她遞給我一個名牌，我差一點出於習慣寫下Y醫生，就好像我每天開立的眾多處方箋之一。我對自己笑了笑，然後寫下沙赫德。

當我走進去時，現場有些人轉過身看我，他們對我所造成的干擾感到不快。他們都比我大很多，看起來相當有錢，有點上流社會感，就像我一開始在監獄工作時，我的病人看待我那樣。一年前，我一向都很害羞、很常道歉、很怕得罪人。現在我變了一個人——我直視著他們，他們迅速移開視線。罪犯健康照護幫助我找到新的力量和同情心。我很堅定但並不憤世嫉俗。我在心裡重複播放著我的梵咒；如果我能在監獄裡熬過一年，我什麼事都能撐過去，包括一屋子心懷不滿的作家。

獲獎作家基特．德瓦爾（Kit de Waal）主持了此次活動。我因她的知名度而認識她，也讀過她很多作品。我很喜歡她的小說《我的名字叫里昂》（My Name is Leon），在小說中，她透過一個家庭被無情拆散的男孩視角創造出一個世界。這不是腹語術表演——她似乎鮮明活在她的角色中，這令我深感敬佩。我沒料到的是她濃重的伯明罕腔和罵髒話的嗜好。和善的溫暖似乎環繞著她，如同她身穿的粗毛線針織外套一樣。她讓我想起了我在監獄工作的朋友們。得知她和我來自伯明罕的同一區時，我十分驚訝。當她說話時，我感覺我們好像一同走過那些街道。

我們全都有機會寫下並朗讀出我們的作品。我的作品不是特別優秀；我疏於練習。它陰險而滑稽，就像一個紅鼻子的小丑，而不是個引人入勝的描繪。到了休息時間，基特被寫作者團團包圍著。她會閱讀他們正在進行的寫作嗎？她能把他們引薦給她的文學經紀人嗎？他們讓我想起D區的囚犯們，當他們圍住我並要求增加美沙酮劑量時，這是同樣的渴求，但在此處，他們身穿昂貴的喀什米爾。基特有禮客氣但坦誠——就像我對待病人一樣。但他們仍然尾隨在她身後。

我坐在椅子上，隨意亂畫了一個聽診器，盤繞在一顆心上，然後是一條嘶嘶作響的蛇。我想著我在監獄裡的時光，醫生的角色牽涉了提出問題及提供答案。我們很少對自己的感受和看法坦誠以待。特別是在監獄環境中，我們被告知不要對囚犯提供任何個人資訊，以防他們試圖損害或跟我們「套交情」。這代表在罪犯健康照護中，醫生被視為不帶感情的存在，他們可能關心也可能不在乎。我們像戴面具般地戴上醫生的臉，隱藏任何個人感受，並努力保持外表的沉著和可靠。人們期望我們理智並冷靜，能夠承受巨大的壓力而毫無損傷。這種信念是以犧牲我們的脆弱為代價來提升韌性，並剝奪了我們的人性。囚犯因其罪行的性質而受到污名化，並被剝奪了自我意識。為了照護並做出有意義的改變，首先並且最重要的是，我們需要將彼此視之為人，涵蓋我們所有的長處和弱點。

在第二堂課中，基特使用影音資料來觸發短篇小說。她問有沒有人從她播放的片段中認出這部知名的黑白電影。一片噤聲不語著實令我吃驚。我生活在一個泡沫中，在深鎖的鐵門和高牆之後，但連我都知道這部電影——我舉起手來說出《相見恨晚》（Brief Encounter）。她說這是她最喜歡的電影之一。她還提到她熱愛麥芽牛奶餅乾和茶。我無需進一步證明她是個好人。

課程結束時，她再次被尋求建議和指導的人團團包圍。他們過於禮貌和恭維——就像高觀護囚犯一樣。當VP診間閃過我腦海時，我不禁抖了一下，想到那一小堆違禁的糖果和沾有污漬的窗戶。我想知道米奇過得如何，他裂開的嘴唇有好好癒合了嗎？他會像波瑟芬妮一樣，因墜入地下世界而留下印記嗎？我謝過籌辦人員就離開了。這是罪犯健康照護的另一個症狀——腳癢。必須很靠近門，假如我感到不舒服，我可以迅速逃跑。然後我無意中聽到他們正緊急為基特安排安通工具。她返回伯明罕的火車已經取消，沒有其他班次了。

「我要開車回伯明罕。如果妳願意，我可以順道載妳一程？」我主動提議。

我沒預期基特會接受。由於高速公路上正在施工，這很可能會是一段沒完沒了的路程。我討厭長途開車。我會需要非常大聲地播放音樂才能保持清醒。我不會是個好旅伴。

基特上下打量了我一番，想確定我是否值得信任。我其實可以告訴她，大多數的精神病患都能做到偽裝表面的魅力。第一印象是不準的。在與高觀護囚犯相處過後，我其實可以建議她，不要上陌生人的車——雖然我知道自己當然是可信任的。我立刻責備自己的嘲諷。如果你用心找，這個世界上還是有著大量的良善。

「我住在伯明罕，我可以載妳到妳要去的地方，不麻煩的。」我以和緩的語調說，並試著微笑。

「太好了，謝謝你。」她說。

我可以看出她仍然不確定我是不是個潛在罪犯。也許她能從我身上聞到監獄的氣味。但她疲憊極了，想要回家。

「嗯，那你目前在寫什麼呢？」在旅程過了二十分鐘時，她問我。

「多年來我一直在寫小說。主要設定在英國和南亞。寫時間旅行、魔靈、魔法之類的東西。」我說。

「嗯。」基特回，顯然對我的嘗試不怎麼感興趣。

我花了點時間自己重新思考一下，我們之間沉默無語。

「那你從事哪方面的工作呢？」過了幾分鐘後，基特問。

「我是一名醫生，全科醫生。」我說。

「噢，真有意思。我想你應該不認識監獄醫生吧？」

我轉向她，好像我突然覺得自己被一個尖銳物品刺中一樣。她往後退縮，或許認為監獄這個字是讓我變成怪物的引爆點。她把手放在外套口袋裡，可能像抓著武器般地抓著鑰匙，或是握著一小瓶防身噴霧劑。我一時沒說什麼，然後清了清嗓子。

「我在罪犯健康照護單位工作——我是一名監獄全科醫生。」我說。

她難以置信地搖搖頭。

「我正在研究關於一名監獄醫生的事情。」基特說。「也許你會有一些見解？是關於這個不識字和暴力的囚犯，他與一位熱愛文學的醫生建立起深厚情誼。那個醫生一開始是個害羞、內向的人，但他教囚犯閱讀。他們都在這段不太可能的交集中獲得成長。」

我沉默了好一陣子，然後娓娓道出一切。我和基特這麼相遇的機率有多大？我一時興起決定來倫敦，她的火車壞了。她正在尋找監獄醫生，我提議開車送她一程。若不是真的發生，這似乎是個不太可能的巧合。在開車回返伯明罕的三個小時裡，我向她講述了我的故事，這是極大的情感宣洩。她有時還聽到用手摀住嘴巴。

「這也太驚人跟激勵人心了，全部都是超級不可思議的故事。太令人難忘了。你一定要把這些經歷寫成一本書。」基特興奮地說。

「沒有人會相信的。那些我親眼目睹的事，有些甚至連我自己都不相信了。」我說。

「把這部分留給讀者吧。」基特這麼說。

參考資料

前言

1 我在醫學院……逆向照顧法則：https://www.thelancet.com/journals/lancet/article/PIIS0140-6736(71)92410-X/fulltext

2 我在醫學院……最不可能得到幫助：https://www.researchgate.net/publication/279747864_Inequalities_in_Health_The_Black_Report

3 許多人都有藥物濫用的問題……「snowballing」或「speedballing」：https://www.drugabuse.gov/publications/drugfacts/heroin

4 長期研究……治療有所成效：https://pubmed.ncbi.nlm.nih.gov/26042569

5 長期研究……他們參與犯罪和暴力的可能性就會降低：https://www.gov.uk/government/publications/summary-of-key-findings-from-the-drug-treatment-outcomes-research-study-dtors

6 我們的服務……特倫斯希金斯信託所運作的：https://swishservices.co.uk/sex-workers-service

7 他們還與……人口販運的受害者：https://www.yorsexualhealth.org.uk/information-for-sex-workers

8 無家可歸者醫療診所……暴力和攻擊性的病患：https://www.bma.org.uk/advice-and-support/gp-practices/managing-your-practice-list/removing-violent-patients-and-the-special-allocation-scheme

9 我不知道……次專科：https://www.rcgp.org.uk/clinical-and-research/resources/a-to-z-clinical-resources/prison-health.aspx

10 在過去十年間……一百二十座左右：https://data.justice.gov.uk/prisons

11 超過八萬八千名……部門的照護：https://commonslibrary.parliament.uk/research-briefings/sn04334

12 英國的監獄……開放式監獄：https://prisonjobs.blog.gov.uk/your-a-d-guide-on-prison-categories

13 還押監獄……被判刑之前：https://www.gov.uk/charged-crime/remand

14 自由的剝奪……身心傷害：https://www.nature.com/articles/s41598-020-75026-4

15 在封鎖期間……條件下生活：https://www.bbc.co.uk/news/uk-55957048

16 能夠在牢房外領取食物……時間有限：https://www.gov.uk/guidance/coronavirus-covid-19-and-prisons

17 這種可怕的孤立感……感受得到：https://www.bmj.com/content/374/bmj.n2016

18 英國皇家監獄……的判決：https://www.gov.uk/government/organisations/her-majestys-prison-and-probation-service

19 司法部長負有全責：https://www.gov.uk/government/ministers/secretary-of-state-for-justice

20 當莉茲・特拉斯……持續的壓力」：https://www.bbc.co.uk/news/uk-38596034

21 在過去三十年……近百分之七十：https:// assets.publishing.service.gov.uk/government/uploads/ system/uploads/attachment_data/file/541667/prisonpopulation-story-1993-2016.pdf

22 蘇格蘭、英格蘭和威爾斯……最嚴重的危機：https://www.ft.com/content/462c4a0e-e3cd11e6-9645-c9357a75844a

23 許多人……監獄「太軟了」：https://www.thetimes.co.uk/article/most-people-think-prison-system-is-too-soft-q36l3tz90

24 當保守黨的……度假村一樣：https://www.dailymail.co.uk/news/article-2205824/Ill-stop-jails-like-holiday-camps-says-new-minister-justice.html

25 然而，如果你有系統地……讓他們自新了：https://assets.publishing.service.gov.uk/government/uploads/system/uploads/attachment_data/file/737956/understanding-prison-violence.pdf

26 監獄是犯罪……謀殺的溫床：https://www.unodc.org/unodc/en/frontpage/towards-more-humane-prison-systems.html

27 監獄人口……單人設計的牢房或房間裡：https://metro.co.uk/2017/06/19/sharing-cells-open-showers-and-masturbation-what-privacy-in-prison-is-really-like-6647837

28 關於牢房共享的風險評估……醫護人員評估：https://www.justice.gov.uk/downloads/offenders/psipso/psi-2015/PSI_20_2015_Cell_sharing.pdf

29 扎希德．穆巴雷克……室友謀殺：https://thezmt.org

30 一份遲來的公開調查……八十八項建議：https://assets.publishing.service.gov.uk/government/uploads/system/uploads/attachment_data/file/231789/1082.pdf

31 每個囚犯……四萬四千英鎊：https://www.statista.com/statistics/1202172/cost-per-prisoner-england-and-wales

32 但在英格蘭和威爾斯……是百分之四十八：http://www.prisonreformtrust.org.uk/Portals/0/Documents/Bromley%20Briefings/Prison%20the%20facts%20Summer%202019.pdf

33 據估計……一百五十億英鎊：https://www.gov.uk/government/speeches/prison-reform

34 相較之下……五十億英鎊：https://www.statista.com/statistics/298654/united-kingdom-uk-public-sector-expenditure-prisons

35 儘管將更多人……年年都在升高：https://www.statista.com/statistics/283069/crimes-in-england-and-wales

36 我們可以將我們的系統……長遠看來成本要低得多：https://www.economist.com/international/2017/05/27/too-many-prisons-make-bad-people-worse-there-is-a-better-way?fsrc=scn%2Ftw%2Fte%2Fbl%2Fed%2Fprisonstoomanyprisonsmakebadpeopleworsethereisabetterway

37 建蓋更多監獄……短視的解決方案：https://www.bbc.co.uk/news/uk-49309112

38 我們應該審視……明智且安全地完成的：http://www.prisonreformtrust.org.uk/Portals/0/Documents/Bromley%20Briefings/Prison%20the%20facts%20Summer%202019.pdf

39 將人們關在牢獄之內……再次犯罪的可能性：https://www.gov.scot/publications/works-reduce-reoffending-summary-evidence/pages/3

40 有令人擔憂的證據表明……其他兒童的兩倍：https://www.nicco.org.uk/userfiles/downloads/5c90a6395f6d8-children-of-prisoners-full-report-web-version.pdf

41 在我開始我的罪犯醫療……削減了四分之一：https://www.independent.co.uk/news/uk/home-news/prisons-uk-jails-crisis-cuts-conservatives-david-gauke-phil-wheatley-a8318806.html

42 自二〇一〇年開始……三分之一的全職人員：https://www.theguardian.com/society/datablog/2016/nov/18/fewer-prison-officers-and-more-assaults-how-uk-prison-staffing-has-changed

43 此外，二〇一三年推動了一項所謂「基準」政策……自願離職：https://www.theguardian.com/society/2014/aug/19/grayling-denies-prison-crisis-inmate-numbers

44 新的獄警……一個主要問題：https://www.nicco.org.uk/userfiles/downloads/5c90a6395f6d8-children-of-prisoners-full-report-web-version.pdf

45 在與政府協商破裂後……大規模的罷工：https://www.independent.co.uk/news/uk/home-news/thousands-prison-officers-just-decided-go-strike-a7418016.html

46 在與政府協商破裂後……暴力程度：https://www.ft.com/content/55faf4d0-b801-11e8-b3ef-799c8613f4a1

47 初級醫生合約糾紛……健保系統大罷工：https://www.theguardian.com/society/2016/apr/21/uk-junior-doctors-may-follow-april-strikes-indefinite-walkout

48 第一線的工作人員……採取法律行動的威脅：https://www.thesun.co.uk/news/2189367/justice-secretary-liz-truss-slams-prison-officers-for-strike-action-that-halted-jo-cox-murder-trial-saying-it-will-only-make-jails-more-dangerous

49 黑人和少種族裔……還押候審：https://assets.publishing.service.gov.uk/government/uploads/system/uploads/attachment_data/file/849200/statistics-on-race-and-the-cjs-2018.pdf

50 監獄中大約有……不會被判處監禁：http://www.prisonreformtrust.org.uk/Portals/0/Documents/Bromley%20Briefings/Prison%20the%20facts%20Summer%202019.pdf

51 目前關押在獄中……像是持有毒品：http://www.prisonreformtrust.org.uk/Portals/0/Documents/Bromley%20Briefings/Prison%20the%20facts%20Summer%202019.pdf

52 然而在二〇〇九年……而被迫辭職：https://www.nature.com/articles/nm1209-1337.pdf?origin=ppub
53 確實，大約百分之四十……在酒精影響下行事的：https://www.alcoholrehabguide.org/alcohol/crimes
54 二〇一四年……「政治和政策失敗」：https://www.bbc.co.uk/news/uk-27847007
55 另一位前首席監獄督察……組織的管理經驗」：https://d3n8a8pro7vhmx.cloudfront.net/taxpayersalliance/pages/234/attachments/original/1427899116/the_failure_of_the_prison_service_in_the_uk.pdf?1427899116
56 監獄裡的文盲率……閱讀年齡低於十一歲：https://www.theguardian.com/inequality/2017/jun/15/reading-for-freedom-life-changing-scheme-dreamt-up-by-prison-pen-pals-shannon-trust-action-for-equity-award#:~:text=Inside%20the%20Shannon%20Trust,well%20short%20of%20that%20mark
57 克里斯·葛瑞林……的強烈反對：https://howardleague.org/news/booksforprisonerslegalaction
58 我們知道……教授讀寫和計算能力：http://www.prisonreformtrust.org.uk/Portals/0/Documents/Time_to_LearnBook.pdf
59 優秀的夏儂信託……獲得政府資助：https://www.theguardian.com/society/2016/jan/05/jail-reading-scheme-letter-tom-shannon-trust
60 例如……更多性犯罪後宣告失敗：https://www.dailymail.co.uk/news/article-4635876/Scandal-100million-sex-crime-cure-hubs.html
61 能夠降低再犯罪率的……穩定的住所：https://premieradvisory.co.uk/education-housing-and-employment-three-key-factors-for-reducing-reoffending

第一章

62 這種快速變動……換了八位：https://www.gov.uk/government/ministers/secretary-of-state-for-justice
63 住院部裡的許多囚犯……非常不好：https://www.nhs.uk/mental-health/social-care-and-your-rights/mental-health-and-the-law/mental-health-act

64 他們正在等待……一萬八千四百張床位：https://www.independent.co.uk/news/health/mental-health-nhs-hospital-beds-shortage-depression-a9185581.html

65 他們的犯罪記錄……使用者帳號或密碼：https://www.justice.gov.uk/downloads/offenders/psipso/psi-2014/psi-23-2014-prison-nomis.pdf

66 資深監獄官……外醫所需的人力：https://www.theguardian.com/society/2018/oct/27/prisoners-dying-poor-care-services-prisons-mental-health-care-quality-commission-report

67 病患需要銬上手銬……躺在病床上也是如此：https://www.justice.gov.uk/downloads/offenders/psipso/psi-2015/psi-33-2015-external-prisoner-movement.pdf

68 但這些官員士氣低落……第四項緊急救援服務：https://forensicpsychologyuk.com/the-forgotten-service-%E2%80%93-how-do-prison-staff-cope

69 角落有一堆……臨床的高品質標準：https://www.cqc.org.uk

第二章

70 如果是未滿十八歲……找到適合的成年人：https://www.appropriateadult.org.uk/information/what-is-an-appropriate-adult

71 你說的任何話……呈堂證供：https://www.gov.uk/arrested-your-rights

72 R先生必須坐……金屬探測椅上：http://news.bbc.co.uk/1/hi/magazine/7152744.stm

73 他配給……一支打火機：https://publichealthmatters.blog.gov.uk/2018/07/18/successfully-delivering-smokefree-prisons-across-england-and-wales

74 他得到一小瓶……如果有的話：https://www.theguardian.com/uk/2006/mar/09/ukcrime.prisonsandprobation

75 為了幫助軟化……成為傾聽者：https://www.samaritans.org/how-we-can-help/prisons/listener-scheme

76 R先生接受……首夜篩檢：https://www.justice.gov.uk/downloads/offenders/psipso/psi-2015/psi-07-2015-pi-06-2015-early-

days-custody.pdf

77 英國監獄中使用的醫療電腦系統……社區家醫科系統：https://insidetime.org/prison-healthcare

78 這違反了……醫學總會的指導方針：https://www.gmc-uk.org/-/media/documents/good-medical-practice---english-20200128_pdf-51527435.pdf

79 「藍色代碼……簡略表達：https://www.justice.gov.uk/downloads/offenders/psipso/psi-2013/psi-03-2013-medical-emergency-response-codes.doc

80 我們盡速進行……並連接氧氣筒：https://www.intersurgical.com/info/igel

81 「直線是不可電擊的……還要平靜：https://patient.info/doctor/defibrillation-and-cardioversion

82 它可以噴塗……信件送進監獄：https://www.telegraph.co.uk/news/2017/09/22/letters-sent-prison-photocopied-amid-fears-soaked-drugs

83 香料有很多名稱……黑曼巴：https://cdn.catch-22.org.uk/wp-content/uploads/2018/11/edited_Catch22-Spice-and-NPS-A-Prison-Pracitioners-Guide-1.pdf

84 而且，雖然人們……麻痺神經的影響：https://www.thescottishsun.co.uk/news/1875688/hmp-grampian-lags-getting-high-on-spice-like-fish-sedatives-in-their-mail

85 有一個牌子叫……幾乎昏迷不醒：https://www.independent.co.uk/arts-entertainment/tv/news/ross-kemp-spice-cannabis-vape-hmp-belmarsh-prison-documentary-itv-a9276276.html

86 香料被視為……二〇一六年才將其立法禁止：https://www.theguardian.com/cities/2019/oct/29/spice-so-called-zombie-drug-uk-poorest-communities

第三章

87 他一直在吃……已知的副作用：https://www.nhs.uk/mental-health/talking-therapies-medicine-treatments/medicines-and-

psychiatry/antidepressants/side-effects

88 在我們阻止他之前……最高可判處五年徒刑：https://www.sentencingcouncil.org.uk/outlines/assault

89 「唯一的好事是……犯了相同的罪：https://www.cps.gov.uk/legal-guidance/joint-enterprise-charging-decisions-principal-secondary-and-inchoate-liability

90 他英語流利……電話翻譯服務：https://www.languageline.com/uk

91 格雷姆教我……送出轉診信：https://www.justice.gov.uk/downloads/offenders/psipso/psi-2010/psi_2010_45_IDTS.doc

92 BNF裡列出……藥物資訊：https://www.bnf.org

93 這是我預期由……所開出的處方：https://bnf.nice.org.uk/drug/pregabalin.html#indicationsAndDoses

94 評估、監禁照護和團隊合作計劃……免於傷害自己：https://www.gov.uk/government/publications/the-assessment-care-in-custody-and-teamwork-process-in-prison-findings-from-qualitative-research

95 「現在他們得派出……『高空事件』：https://www.manchestereveningnews.co.uk/news/hostage-dramas-barricades-stints-roof-16808273

96 格雷姆解釋……P-NOMIS中出現不好的記錄：http://www.prisonreformtrust.org.uk/ForPrisonersFamilies/PrisonerInformationPages/IncentivesandEarnedPrivileges

第四章

97 典獄長宣佈……目前是十八度：https://www.hseni.gov.uk/articles/temperatures-workplace

98 「我被判處強制性……最低刑期十二年：https://www.sentencingcouncil.org.uk/sentencing-and-the-council/types-of-sentence/life-sentences

99 這是一個……成功的制度：https://practiceplusgroup.com/news/patient-engagement-work-with-prisoners-is-highly-commended-by-national-awards

100 我會聯繫夏儂……慈善機構：https://www.shannontrust.org.uk

101 監獄黑市……為雙倍泡泡：https://latcharity.org.uk/resources/prison-rules-jargon

102 在我見完A先生的那天……健康與安全指南：https://www.hse.gov.uk/temperature/index.htm

103 在我見完A先生的那天……囚室溫度的行為準則：https://www.unison.org.uk/content/uploads/2014/08/TowebTemperature-at-Work-Information-Sheet-Aug14-update2.pdf

第五章

104 這被視為……建立的阻礙：https://www.kingsfund.org.uk/projects/gp-inquiry/therapeutic-relationship

105 一個簡單的事實……基礎教育：https://www.theguardian.com/inequality/2017/jun/15/reading-for-freedom-life-changing-scheme-dreamt-up-by-prison-pen-pals-shannon-trust-action-for-equity-award

106 關鍵是運用……發洩情緒：https://www.racgp.org.au/download/documents/AFP/2011/November/201111sim.pdf

107 難搞的患者……艱難的人生：https://ijmhs.biomedcentral.com/articles/10.1186/s13033-020-00392-5

108 這顯然……不恰當的移轉：https://www.prisonersfamilies.org/transfers

109 這是正確的……導致死亡：https://www.rcgp.org.uk/-/media/Files/Policy/2019/RCGP-safer-prescribing-in-prisons-guidance-jan-2019.ashx?la=en

110 我向他解釋……嚴重程度：https://www.epilepsy.com/learn/professionals/diagnosis-treatment/drugs-their-contribution-seizures/opioids-and-cns

111 迪恩是對的……眼球上吊：https://n.neurology.org/epearls/20200421

112 還有一張……變化階段模式海報：https://www.rcn.org.uk/clinical-topics/supporting-behaviour-change/understanding-behaviour-change

113 托妮向V先生說明……一些契約：https://www.justice.gov.uk/downloads/offenders/psipso/psi-2010/psi_2010_28_custody_

compacts_for_use_in_custody.doc#:~:text=The%20aim%20of%20the%20compact,respect%20between%20prisoners%20and%20staff

第六章

114 她被暱稱為……死於鴉片類藥物過量：https://www.drugabuse.gov/publications/drugfacts/naloxone

115 紅色代碼……緊急情況：https://assets.publishing.service.gov.uk/government/uploads/system/uploads/attachment_data/file/375853/DSO_Medical_Emergency_Response_Codes.pdf

116 僅僅在二〇一一年……系統是一個積極的地獄：https://www.fia.uk.com/news/fire-safety-in-prisons.html

117 獄警們……有毒煙霧中：https://prisons.org.uk/firesafety-hotels/psi-11-2015-fire-safety-prison.pdf

118 那段期間……吩坦尼滲入：https://www.nationalcrimeagency.gov.uk/who-we-are/publications/7-recent-deaths-possibly-linked-to-fentanyl/file

119 他說他曾探索……死亡率極高的迷幻藥：https://www.bbc.co.uk/news/magazine-27203322

第七章

120 我在某個地方讀到……下降了百分之七十：https://www.qcc.cuny.edu/socialsciences/ppecorino/medical_ethics_text/Chapter_3_Moral_Climate_of_Health_Care/Reading-Death-Rate-Doctor-Strike.htm

121 他雙手的掌骨……拳擊手骨折：https://www.webmd.com/a-to-z-guides/boxers-fracture

122 C先生提供給我……直腸癌的標準：https://www.nice.org.uk/guidance/ng151

第八章

123 星期五是康囤日……上週訂購的商品：https://www.doingtime.co.uk/how-prisons-work/how-do-prisons-actually-work/

canteen-and-money

第九章

124 這些通常都是短期停留……進行一次審查：http://www.prisonreformtrust.org.uk/ForPrisonersFamilies/PrisonerInformationPages/Segregation
125 急性心理健康服務……患者在等床位：https://blogs.bmj.com/bmj/2021/03/05/mental-health-beds-are-full-leaving-patients-without-treatment-and-clinicians-with-difficult-choices
126 自二〇一〇年以來……百分之二十五：https://www.theguardian.com/society/2021/jul/05/number-of-nhs-mental-health-beds-down-by-25-since-2010-analysis-shows
127 聯合國於二〇一一年……長期單獨監禁：https://news.un.org/en/story/2011/10/392012-solitary-confinement-should-be-banned-most-cases-un-expert-says
128 單獨監禁的心理傷害……大量記載：http://safealternativestosegregation.vera.org/wp-content/uploads/2018/07/The-Psychological-Effects-of-Solitary-Confinement-A-Systematic-Critique.pdf
129 單獨監禁的心理傷害……患有精神疾病的人：https://www.medicalnewstoday.com/articles/solitary-confinement-effects#mental-health-effects
130 文件中列出了……隔離單位的人口：https://www.justice.gov.uk/downloads/offenders/psipso/psi-17-2006.doc
131 世界衛生組織……辦事處認為：https://elearning.icrc.org/detention/en/story_content/external_files/Principles%20of%20Medical%20Ethics%20(1982).pdf
132 世界衛生組織……是不人道的：https://www.euro.who.int/__data/assets/pdf_file/0009/99018/E90174.pdf
133 他們當中許多人……社區心理健康單位：https://www.mind.org.uk/information-support/legal-rights/courts-and-mental-health/section-47

134 獄警們告訴我……那是動亂時期：http://news.bbc.co.uk/hi/english/static/northern_ireland/understanding/events/dirty_protest.stm

135 他會給你……著色本和蠟筆：https://www.uos.ac.uk/news/criminology-students-create-distraction-packs-prisoners-during-coronavirus-pandemic

136 這是以人道……假釋聽證會：https://insidetime.org/executive-release

137 精神科醫生……反社會人格障礙：https://www.nhs.uk/mental-health/conditions/antisocial-personality-disorder

138 精神科醫生……情感性思覺失調症：https://www.mind.org.uk/information-support/types-of-mental-health-problems/schizoaffective-disorder/about-schizoaffective-disorder

139 對於S先生……公眾造成的風險：https://www.gov.uk/government/publications/multi-agency-public-protection-arrangements-mappa-guidance

140 他的直腸癌腫瘤……有希望的跡象：https://www.nhs.uk/conditions/cea-test/#:~:text=A%20carcinoembryonic%20antigen%20(CEA)%20test,antibodies%20to%20help%20fight%20them

第十章

141 曾經有其他監獄的職員……強姦犯性侵：https://www.thesun.co.uk/news/1726529/nurse-sexually-assaulted-at-private-jail-holding-some-of-uks-worst-sex-offenders

142 監獄裡確實有過臥底警察……米奇那樣引人注目：https://www.bbc.co.uk/news/uk-38931580

143 在我父親去世不久……影響我們的身體健康：https://www.sciencedirect.com/topics/medicine-and-dentistry/psychoneuroimmunology#:~:text=Psychoneuroimmunology%20is%20the%20study%20of%20the%20interaction%20between%20the%20mind,may%20impact%20the%20immune%20system

144 我想是有一次……豆子裡拉屎：https://metro.co.uk/2018/04/30/sex-offenders-food-spiked-with-poo-urine-and-pieces-of-metal-by-fellow-inmates-7510849

第十一章

145 保護公眾監禁刑罰……二〇〇五年開始實施的：http://www.justice.gov.uk/downloads/legislation/bills-acts/legal-aid-sentencing/ipp-factsheet.pdf

146 適用於那些被認為……判處無期徒刑的人：http://www.prisonreformtrust.org.uk/WhatWeDo/Projectsresearch/IPPsentences

147 這項措施已於二〇一二年……對人權的剝奪：https://www.theguardian.com/law/2012/sep/18/strasbourg-judges-indeterminate-sentences-unlawful

148 他割下並吃掉……腳趾和耳朵：https://www.healthline.com/health/autocannibalism

149 這是一種稱之為……異食癖的精神疾病：https://www.nationaleatingdisorders.org/learn/by-eating-disorder/other/pica#:~:text=Pica%20is%20an%20eating%20disorder,%2C%20dirt%2C%20and%20paint%20chips.&text=There%20are%20no%20laboratory%20tests,clinical%20history%20of%20the%20patient

150 只吃自己的頭髮……長髮公主症候群：https://www.health.com/condition/digestive-health/what-is-rapunzel-syndrome

151 未消化的物質……稱為毛糞石：https://www.mayoclinic.org/diseases-conditions/gastroparesis/expert-answers/bezoars/faq-20058050

152 他已在進行長期的抗生素療程……抗藥性的個案研究：https://www.nhs.uk/conditions/antibiotics/antibiotic-antimicrobial-resistance

153 精神科醫生診斷出……情緒不穩定人格障礙：https://patient.info/doctor/emotionally-unstable-personality-disorder

154 所有在拘留期間的死亡……提交至驗屍官那邊：https://www.cps.gov.uk/sites/default/files/documents/publications/death_in_custody_guidance_2017.pdf

第十二章

155 監獄裡的護理師和獄警……上吊情況很常見：https://www.theguardian.com/uk/2006/dec/27/ukcrime.prisonsandprobation

156 在英國……全國性的醜聞：https://www.inquest.org.uk/deaths-in-prison

157 根據司法部統計……已高於二〇一四年的數據：https://www.inquest.org.uk/safety-in-custody-jan2020

158 監獄中存在……心理健康危機：https://www.thelancet.com/journals/lanpsy/article/PIIS2215-0366(17)30446-7/fulltext

159 即便死因是上吊……將其記錄為促成因素：https://www.theguardian.com/society/2016/may/09/number-of-prison-deaths-linked-to-legal-highs-rises-steeply

160 驗屍官會一名獨立律師……接受任命進行調查：https://www.cps.gov.uk/legal-guidance/coroners

161 根據醫學總會……職業義務：https://www.gmc-uk.org/ethical-guidance/ethical-guidance-for-doctors/acting-as-a-witness/acting-as-a-witness-in-legal-proceedings

162 這份報告調查……的醫療疏忽：https://www.bbc.co.uk/news/uk-england-stoke-staffordshire-50836324

163 死者家屬也會有其律師……也有權詢問證人：https://coronerscourtssupportservice.org.uk/wp-content/uploads/2018/11/CCSS-EL_Inquest_Factsheet_Final29317221_3.pdf

164 如果調查顯示……向預防未來死亡機構報告此事：https://www.judiciary.uk/related-offices-and-bodies/office-chief-coroner/https-www-judiciary-uk-subject-community-health-care-and-emergency-services-related-deaths

第十三章

165 C醫生是臨床委員……主要負責人：https://www.england.nhs.uk/ccgs

166 關於跨性別男性……複雜案例委員會決定的：https://assets.publishing.service.gov.uk/government/uploads/system/uploads/attachment_data/file/863610/transgender-pf.pdf

167 如果國民健保署……實際人身傷害的受害者：https://www.cps.gov.uk/legal-guidance/offences-against-person-incorporating-charging-standard

致謝

我深深感謝在獄中遇到的每一個人——工作人員和囚犯。我從每一次相遇中持續學習與成長。我希望我能盡己所能地提供幫助。在罪犯健康照護領域和監獄裡有著非常優秀的工作人員，他們在極其艱難的環境中工作，同時還保有幽默感——無論有時情況是多麼黑暗。

我的家人給了我堅定不移的愛與支持。特別是我了不起的父母穆罕默德・尤薩夫（Mohammed Yousaf）和碧爾格絲・貝格姆（Bilqeas Begum），以及我的姐姐沙赫札迪・法拉・尤薩夫（Shahzadi Farrah Yousaf）。我還要感謝我的經紀人賽門・特雷文（Simon Trewin）提升我的信心，感謝企鵝藍燈書屋優秀同仁們的指導，特別是我出色的編輯安德莉亞・亨利（Andrea Henry）和沙里卡・蒂爾瓦（Sharika Teelwah），以及我敏銳仔細的審稿編輯里查德・梅森（Richard Mason）。非常感謝基特・德瓦爾為支持新興聲音所做的一切努力——沒有妳就不可能會有這本書。感謝我的Middle Way Mentoring寫作團隊幫助我找到我的作家聲音，並感謝Writing

West Midlands Room 204計劃。我的家人和朋友們是我的指引明燈，他們用善良、幽默和希望照亮了我的道路。原則上，我想要感謝所有對我伸出援手之人——如果有任何重要的遺漏，請原諒我。我要感謝以下人員：

路易絲・阿貝爾（Louise Abel）、梅蘭妮・亞伯拉罕斯（Melanie Abrahams）、林・阿迪（Lin Addy）、奧盧索拉・阿德耶莫（Olusola Adeyemo）、阿姆達德・艾哈邁德（Amdad Ahmed）、夏娜茲和里亞茲・侯賽因（Shanaz and Riaz Hussain）、尼古拉・阿爾菲里（Nicola Alfieri）、伊姆蘭・阿爾沙德（Imran Arshad）、布萊恩・阿塔克（Brian Atack）、維多利亞・鮑德溫（Victoria Baldwin）、妮塔・巴達瑞亞（Neeta Bhadauria）、蘇絲米塔・巴塔查亞（Susmita Bhattacharya）、安妮斯・巴亞特（Anees Bhayat）、安托瓦內特・布歇（Antoinette Boucher）、卡里・布雷徹（Kari Breecher）、海倫・布魯克斯（Helen Brookes），杰拉德・布朗（Gerard Browne），蓋諾・布萊恩（Gaynor Bryan），米歇爾・伯恩（Michele Byrne），喬・坎貝爾（Jo Campbell），南達尼・坎貝爾（Nandani Campbell），理查德・坎特（Richard Canter），伊馮娜・卡特（Yvonne Carter），海瑟・凱瑟伍德（Heather Catherwood），凱倫・凱夫斯（Karen Caves），勞拉・塞瑟-肯尼迪（Laura Ceaser-Kennedy），曼迪・錢尼（Mandy Chainey），艾瑪・卓別林（Emma Chaplin），穆賓・喬杜里（Mubeen Chaudhry），穆罕默德・喬西亞（Mohammed

Chothia），普蒂・喬杜里（Purti Choudhary），喬・克拉克（Jo Clarke），特雷西・科爾本（Tracy Colbourne），喬納森・科爾曼（Jonathan Coleman），吉莉・庫珀（Gilly Cooper），艾米莉・克雷文（Emily Craven），亞當・克羅斯（Adam Cross），拉吉・達斯（Raj Das），蘇・戴維斯（Sue Davies），瑞奇・戴（Rich Day），喬伊斯・多默（Joyce Dormer），西蒙・德雷克利（Simon Drakely），帕特里夏・達克斯伯里（Patricia Duxbury），迪恩・厄爾（Dean Earl），薩達特・埃德魯斯（Sadat Edroos），戴夫・法默（Dave Farmer），阿迪爾・法拉茲（Adil Farraz），本・弗萊徹（Ben Fletcher），德西瑞・福特（Desiree Ford），喬伊・弗朗西斯（Joy Francis），西蒙・弗蘭克斯（Simon Franks），安迪・加爾布雷思（Andy Galbraith），史蒂夫・吉爾森（Steve Gilson），蘇珊娜・高斯威爾（Susannah Goswell），洛林・黑格（Lorraine Hague），查理・哈爾福德（Charlie Halford），山姆・霍爾斯（Sam Halls），羅斯・哈特菲爾德（Ros Hatfield），卡羅琳・霍奇（Caroline Hawche），戴夫・海沃德（Dave Hayward），愛麗絲・赫沃德（Alice Heward），黛博拉・希爾（Deborah Hill），羅斯・詹姆斯（Ross James），莎拉・M・賈薩特（Sarah M. Jasat），麗貝卡・傑恩（Rebecca Jayne），阿曼達・瓊斯（Amanda Jones），卡爾賓德・考爾（Kalbinder Kaur），奧利維亞・金伯（Olivia Kimber），阿莎・克里希納（Asha Krishna），勞拉・連恩（Laura Lane），伊恩・蘭利（Ian Langley），卡西婭・洛（Kassia Lowe），史蒂芬妮・盧卡斯（Stephanie Lucas），科林・麥克杜格爾（Colin Macdougall），蒙

塔茲和納瓦茲·馬利克（Mumtaz and Nawaz Malik），史蒂夫·馬斯登（Stevie Marsden），吉爾·馬修斯（Jill Matthews），丹尼斯·麥斯威爾（Dennis Maxwell），海倫·麥卡錫（Helen McCarthy），維多利亞·梅（Victoria Mee），塞瑪·米爾（Saima Mir）、克萊兒和克里斯·莫里斯（Claire and Chris Morris）、勞倫·莫里斯（Laurene Morris）、邦妮和艾倫·墨菲（Bonnie and Alan Murphy）、里奇·尼爾森（Rich Nelson）、亞歷克斯·奧吉爾比（Alex Ogilby）、阿德·奧庫納德（Ade Okunade）、史蒂文·歐文（Steven Owen）、海倫·皮爾比姆（Helen Pilbeam）、莎朗·普雷斯科特（Sharon Prescott）、亞當·普里查德（Adam Pritchard）、艾瑪·皮尤（Emma Pugh）、瑞秋·普林格（Rachel Pullinger）、格拉罕·里德（Graham Reed）、麗莎·里德爾（Lisa Riddell）、瑪麗·羅賓遜（Marie Robinson）、查理·羅傑斯（Charlie Rogers）、尼古拉·露絲（Nicola Ruth）、哈恰蘭·薩尼（Harcharan Sahni）、法哈娜·謝赫（Farhana Shaikh）、納迪姆·謝赫（Nadeem Sheikh）、安妮-瑪麗·謝里丹（Anne-Marie Sherridan）、賈斯·西杜（Jass Sidhu）、蘇林德·辛格（Surinder Singh）、湯姆·斯凱丁（Tom Skelding）、格妮絲和布萊恩·索默拉德（Gwyneth and Brian Sommerlad）、馬修·索默拉德（Matthew Sommerlad）、大衛·斯派德曼（David Spademan）、克里斯汀·斯特里特（Christine Streeter）、霍莉·薩奇（Holly Sutch）、伊馮娜·薩奇（Yvonne Sutch）、阿里·塔蘭特（Ali Tarrant）、保羅·泰勒（Paul Taylor）、史蒂芬妮·泰勒（Stephanie Taylor）、麗莎·湯普森（Lisa Thompson）、凱莉·泰瑞爾

（Kelly Tyrrell）、喬・尤溫（Jo Unwin）、吉涅什・瓦迪亞（Jignesh Vaidya）、納齊拉・萬尼亞（Nazira Vania）、阿維・考爾・維爾迪（Avi Kaur Virdee）、克勞迪亞・沃克（Claudia Walker）、瑞秋・沃克（Rachael Walker）、詹姆斯・沃爾（James Wall）、馬特烏斯・瓦斯基維奇（Mateusz Waskiewicz）、羅伯特・沃特金斯（Robert Watkins）、卡洛琳・華森（Caroline Watson）、凱蒂・華森（Katie Watson）、肖恩・沃茨（Sean Watts）、蒂姆・威爾士（Tim Welsh）、蓋瑞・韋斯頓（Garry Weston）、佩妮和史考特・惠勒（Penny and Scott Wheeler）、尼基・威廷漢（Nikki Whittingham）、肖恩・威廉斯（Shane Williams）、約翰・威利斯（John Willis）、艾米麗・溫特斯（Emily Winters）、沃倫・伍德（Warren Wood）、莎莉・萊特（Sally Wright）、索菲・約曼斯（Sophie Yeomans）和麥當娜・尤薩夫（Madonna Yousaf）。

萬象 02

監獄醫生

圍牆之後的痛苦與生死

Stitched Up: Stories of life and death from a prison doctor

作者　沙赫德・尤薩夫（Dr. Shahed Yousaf）
譯者　李依婷

堡壘文化有限公司
總編輯　簡欣彥
行銷企劃　許凱棣、曾羽彤、游佳霓、黃怡婷
副總編輯　簡伯儒
封面設計　萬勝安
責任編輯　簡伯儒
內頁構成　李秀菊

出版　堡壘文化有限公司
發行　遠足文化事業股份有限公司（讀書共和國出版集團）
地址　231新北市新店區民權路108-3號8樓
電話　02-22181417　傳真　02-22188057
Email　service@bookrep.com.tw
郵撥帳號　19504465 遠足文化事業股份有限公司
客服專線　0800-221-029
網址　http://www.bookrep.com.tw
法律顧問　華洋法律事務所　蘇文生律師
印製　韋懋實業有限公司
初版1刷　2023年7月
定價　新臺幣450元
ISBN　978-626-7240-85-4

國家圖書館出版品預行編目（CIP）資料

監獄醫生：圍牆之後的痛苦與生死／沙赫德・尤薩夫（Shahed Yousaf）著；李依婷譯. -- 初版. -- 新北市：堡壘文化有限公司出版：遠足文化事業股份有限公司發行, 2023.07
面；　公分. --（萬象；2）
譯自：Stitched Up: Stories of life and death from a prison doctor
ISBN 978-626-7240-85-4（平裝）

1.CST: 尤薩夫(Yousaf, Shahed)　2.CST: 自傳　3.CST: 英國

784.18　112010596